改訂版

財務諸表と企業分析入門

KOGA Chitoshi

古賀智敏

千倉書房

序－「企業分析」を初めて学ぶ人のために

　本書『財務諸表と企業分析入門』は、初めて会計を学ぶ人を対象とし、財務データを用いて企業の活動成果と財務的実態を分析・評価することを通じて、会計を興味をもって学ぶことができるようにしようとするものである。

　近年、大学等で会計離れが指摘される中、いかに会計の重要性を認識し、ますます高度になりつつある企業環境に対応するかは、会計教育者の悩ましいところである。その理由の一つには、簿記など会計の技術的ハードルの煩雑さがあり、もう一つには、会計のもつ意義や役割に対する理解の欠如があげられる。とくに後者の会計ないしそのアウトプットとしての財務データの役割に対する理解が高まれば、技術的困難性に対するチャレンジの意欲も増す点では、まず財務データがいかに役立つかを実践的に、かつビジュアルに体験させることが肝要であると思われる。財務情報（アウトプット）の方から、企業活動（インプット）を把握する企業分析入門書は、そのような会計のもつ役割なり意義を身をもって把握することができる点で、会計の初心者にとって役立つものと考える。

　本書は、日本証券業協会『外務員必携』シリーズ全4巻の中から、著者が執筆担当した「財務諸表と企業分析」（同『外務員必携　第3巻』第3章所収）につき、平成25年版から日本証券業協会の許可のもと、過去10年間の成果を一部修正を加えて転載することによって、同協会外務員試験のための基本テキストの一部として作成したものである。

　著者が、「財務諸表と企業分析」を執筆するようになったのは、今は亡き

恩師　武田隆二先生のお陰である。平成15年度まで執筆担当された先生の後を受けて、これまで単体情報に基づく企業分析であったものを連結情報に全て作成し直すとともに、内容の全面書き下ろしを行い、その後も過去10回にわたって制度の変更に即して加筆・修正を行ってきた。武田先生からは、高度で分かりやすい企業分析書を期待して温かく見守っていただいてきたが、いまだ実現できない中で先生は10年前（平成21年2月）急逝された。本書は、ささやかな書であるにせよ、こうした重く長い歴史的背景と日本証券業協会の寛大なご理解とご協力の賜である。

　本書は、次のような特徴をもつ。

（1）　会計学の基礎知識の乏しい初心者に焦点を置くため、**企業分析に必要な知識と技法を丁寧かつ平易に論じている**こと。取り扱っている内容は基本的内容ではあるが、基本書として維持すべきレベルは十分に確保されているであろう。

（2）　説明にあたって、**図表や計算例を駆使することによって、読者の理解を高めるように努めた**こと。それによって、読者は一つずつ確認しながら分析手法を学び、実際の企業の分析に応用することができる。

（3）　最後に、関連した他業種との比較分析やケースを示すことにより、**企業分析の単なる解説書を超えて、実践的かつ応用的なものになるように努めた**。本書は、会計を初めて学ぶ初心者を対象とするものではあるが、限られたスペースで卒業論文などの作成にあたって企業分析のヒントになり、企業分析のより高度の発展課題にも役立つように務めた。

　本書は、本格的な高度の企業分析に向かう第一歩のための教材である。本書の学習を通じて、会計アレルギーがいささかでも緩和され、関心を高めることができれば、著者の望外の喜びである。
　今回の出版にあたっては、日本証券業協会の極めて寛大なご理解とご協力

によるものである。ご高配に心からお礼申し上げたい。

　また、本書の年度版の改訂作業にあたっては、付馨さん（京都先端科学大学准教授）の誠意あるご協力をいただいた。記して感謝申し上げたい。

　最後に、今回の出版にあたっても、千倉書房取締役・川口理恵氏には絶えず励ましいただき、ご支援をいただいた。厚くお礼申し上げたい。

令和 2 年（2020年）8 月
古賀　智敏

目　次
・・・・・・・・・
CONTENTS

Ｉ　財務諸表の仕組みと読み方

Ⅱ 企業分析の手法

I

財務諸表の仕組みと
読み方

1

財務諸表の意義と役割

● 「インプット（取引）─処理システム（会計システム）─アウトプット（財務諸表）」という財務諸表の作成過程を学び、財務諸表が企業の活動実態を数量的に写し出した結果の一覧表であることを理解しましょう。

● 三つの基本的財務諸表としての損益計算書、貸借対照表及びキャッシュ・フロー計算書の意義と役割を学習しましょう。

・損 益 計 算 書：一定期間における企業の「経営成績」の表示

・貸 借 対 照 表：一定時点における企業の「財政状態」の表示

・キャッシュ・フロー：一定期間における企業の「キャッシュ・フローの
　計算書　　　　　　　　変動状況」の表示

● 金融商品取引法に基づく企業内容開示制度は、連結財務諸表を「主」とし、個別財務諸表を「従」とする制度となっていることを学習しましょう。

1-1 会計と財務諸表

【会計と財務諸表との関係】

　会計とは、広く利害関係者の要求（ニーズ）にこたえて企業活動の様々な状況を貨幣金額で把握し、これらをすべて描き出した結果を一覧表示して、特定の媒介手段でもって伝達する一連の活動なり仕組み（システム）をいいます。

　具体的には、次のように説明できます。つまり、会計とは、

（1）　投資者や債権者、取引先など様々な利害関係者の経済的意思決定（投資や与信の評価・決定など）に役立つように、……（会計の目的・利用者）
（2）　一定期間に企業で発生した様々な経済活動（取引）の状況について、………………………………………………………………（会計の対象）
（3）　それを正しく映し出すための装置としての会計システムによって、貨幣数値で統一的に表現し、………………………………（会計処理の装置）
（4）　その結果を財務諸表の形で一覧表に取りまとめ、利害関係者に伝達する一連の行為体系です。………………………………（伝達の媒介手段）

　このように、会計は企業の活動実態を貨幣数値に焼き直す装置又はシステムであり、その結果の一覧表として取りまとめたアウトプットが財務諸表です。したがって、財務諸表は正に企業の素顔であるといえます。我が国の数多くの企業は、こうした財務諸表を企業会計基準委員会によって制定された会計基準に準拠して作成しています。また、近年の企業活動や証券市場の国際化の進展に伴い、会計基準の国際的統一を目的にして国際会計基準審議会（The International Accounting Standards Board：IASB）は国際財務報告基準（International Financial Reporting Standards：IFRS）を策定しています。我が国にも、IFRS に準拠した財務諸表を作成し、利害関係者に対して開示している企業が存在しています。

　以上の関係を図示したのが、図表1-1です。

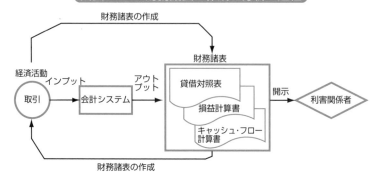

図表1-1　財務諸表の作成と分析の過程

【財務諸表と企業分析との関係】

　企業分析は、企業の財政状態と経営成績の良否を判定するための技術を総称するものであり、一般に経営分析、財務分析又は財務諸表分析ともいいます。

　図表1-1に示されるように、企業の経済活動は、会計上、「取引」として認識され、取引の記録・分類・集計を通じて、最終的に損益計算書と貸借対照表及びキャッシュ・フロー計算書の三つの財務諸表（会社法では計算書類といいます。）に集約されます。つまり、財務諸表の作成過程とは、企業の経済活動の実態を貨幣金額で数値化する過程であることから、逆に、財務諸表を通じて、実際の企業の状況を把握し、評価することも可能です。

　このような、財務諸表の利用サイドから財務諸表の背後にある企業の活動実態の良否を判定するのが、企業分析です。

損　益　計　算　書　　：一定期間における企業の「経営成績」の表示
貸　借　対　照　表　　：一定時点における企業の「財政状態」の表示
キャッシュ・フロー計算書：一定期間における企業の「キャッシュ・フローの変動状況」の表示

【三つの財務諸表の関係】

　損益計算書は、一定期間における企業の利益稼得過程を表示するものであり、当該期間においていくらの収益を獲得し、それを稼得するためにいくらの費用が支払われたかを示すものです。それによって経営成績の評価が把握でき、企業の収益性の程度を分析することが可能になります。

　他方、**貸借対照表**は、一定時点（決算日）における資金の源泉と使途の関係を一覧表示するものです。それによって財政状態を把握でき、これを分析することによって、企業の安全性や流動性の程度を判断することができます。

　また、**キャッシュ・フロー計算書**は、一定期間におけるキャッシュの出入りの状況を活動領域と関連付けて示すものです。この計算書を通じて、キャッシュの変動状況を把握し、企業の安全性や流動性の程度を評価することが可能になります。

　これら三つの財務諸表の関係を図形化したものが、図表1-2です。

　この図において、損益計算書の利益額だけ期末貸借対照表の純資産の部の金額が増加していることに注目してください。つまり、期首と期末の純資産（資産と負債との差額）の増加分の明細を一覧表示したのが、損益計算書で

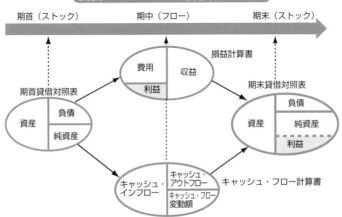

図表1-2　三つの財務諸表の関係

あるといえます。

　なお、貸借対照表の純資産の部の変動状況を表した株主資本等変動計算書も作成されており、それによって純資産の変動状況を把握することができます。

1-2　連結財務諸表制度

【個別財務諸表と連結財務諸表】

　企業内容開示制度には、大きく分けて、個別財務諸表による開示と連結財務諸表による開示があります。個別財務諸表は、法的に独立の実体（法的実体）をもつ個々の会社の財政状態及び経営成績を明らかにするために作成されるものです。他方、連結財務諸表は、支配従属関係にある企業集団を一つの会計単位とした経済的実体の財政状態及び経営成績を明らかにするために要請される財務諸表です（詳しくは本章「4-1連結財務諸表の見方・読み方」参照）。

　我が国では、連結財務諸表は、1977（昭和52）年4月1日以降に開始される事業年度から提出が義務付けられてきましたが、従来の開示制度では、個別財務諸表中心の考え方がとられてきました。しかしながら、我が国企業の多角化・国際化が急速に進展し、また、我が国証券市場への海外投資者の参加が高まるなど、我が国企業を取り巻く内外の環境変化に対応するために、1999（平成11）年4月以降、企業の公開する財務諸表は個別財務諸表から連結財務諸表へと重点移動しました。すなわち、2000（平成12）年3月決算会社から証券取引法（当時）上、連結財務諸表を「主」とし、個別財務諸表を「従」とする制度に移行しました。

　連結財務諸表の体系を示したものが、図表1-3です。後述（第Ⅱ部）の企業分析においても、連結財務諸表を主たる対象とすることはいうまでもありません。

図表1-3　連結財務諸表の体系

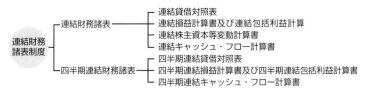

【連結財務諸表の具体例】

　連結財務諸表の具体例として、情報サービス業を行っている A 社の連結貸借対照表、連結損益計算書及び連結包括利益計算書、連結株主資本等変動計算書及び連結キャッシュ・フロー計算書を取り上げます。（⇒図表1-4、1-5、1-6、1-7及び1-8参照）

図表1-4　連結貸借対照表

（単位：百万円）

	前連結会計年度 (2017（平成29）年 3月31日)	当連結会計年度 (2018（平成30）年 3月31日)
資産の部		
流動資産		
現金及び預金	2,857	3,198
預け金	43,103	43,691
受取手形及び売掛金	51,187	56,876
有価証券	－	2,000
仕掛品	21,423	24,498
原材料及び貯蔵品	49	32
関係会社短期貸付金	12,000	12,000
繰延税金資産（注）	3,903	4,654
その他	1,990	1,829
貸倒引当金	△22	△23
流動資産合計	136,493	148,757
固定資産		
有形固定資産		
建物及び構築物（純額）	10,463	8,213
工具、器具及び備品（純額）	5,880	6,688
土地	2,778	2,543
リース資産（純額）	962	2,380
建設仮勘定	210	540
その他	2	1
有形固定資産合計	20,298	20,368
無形固定資産		
ソフトウエア	2,392	2,217
のれん	4,826	4,320

	前連結会計年度	当連結会計年度
その他	15	1,174
無形固定資産合計	7,234	7,712
投資その他の資産		
投資有価証券	30,992	38,693
繰延税金資産	1,376	1,598
差入保証金	3,914	6,760
その他	546	502
貸倒引当金	△44	△45
投資その他の資産合計	36,784	47,510
固定資産合計	64,317	75,592
資産合計	200,811	224,349

（注）2018（平成30）年4月1日以降開始する連結会計年度から、繰延税金資産は投資その他の資産、繰延税金負債は固定負債の部のみに表示することになった（設例は2017（平成29）年度の連結財務諸表）。

（単位：百万円）

	前連結会計年度 （2017（平成29）年 3月31日）	当連結会計年度 （2018（平成30）年 3月31日）
負債の部		
流動負債		
支払手形及び買掛金	17,985	18,500
リース債務	100	1,066
未払金	6,394	10,607
未払法人税等	4,763	3,573
前受金	13,782	16,722
賞与引当金	7,957	8,484
受注損失引当金	1,059	115
プログラム補修引当金	235	218
事業撤退損失引当金	331	121
その他	588	696
流動負債合計	53,198	60,109
固定負債		
リース債務	760	2,611
役員退職慰労引当金	136	141
事業撤退損失引当金	238	—
退職給付に係る負債	19,650	8,541
繰延税金負債	1,013	4,287

その他	89	7,128
固定負債合計	21,887	22,711
負債合計	75,086	82,820
純資産の部		
株主資本		
資本金	12,952	12,952
資本剰余金	10,899	9,950
利益剰余金	100,530	93,244
自己株式	△17,416	△25
株主資本合計	106,966	116,122
その他の包括利益累計額		
その他有価証券評価差額金	15,286	20,203
土地再評価差額金	△1,276	−
為替換算調整勘定	77	147
その他の包括利益累計額合計	14,086	20,351
非支配株主持分	4,671	5,055
純資産合計	125,724	141,528
負債純資産合計	200,811	224,349

（出典）EDINET 閲覧サイト（情報サービス業 A 社）

図表1-5　連結損益計算書

(単位：百万円)

	前連結会計年度 (自　2016 (平成28) 年4月1日 至　2017 (平成29) 年3月31日)	当連結会計年度 (自　2017 (平成29) 年4月1日 至　2018 (平成30) 年3月31日)
売上高	232,473	244,215
売上原価	186,013	195,158
売上総利益	46,459	49,057
販売費及び一般管理費	24,919	26,386
営業利益	21,540	22,671
営業外収益		
受取利息	133	146
受取配当金	276	483
持分法による投資利益	36	16
解約違約金収入	143	26
事業撤退損失引当金戻入益	－	106
その他	201	156
営業外収益合計	790	935
営業外費用		
支払利息	27	12
固定資産除却損	25	35
為替差損	43	37
減損損失	58	－
損害賠償金	－	305
その他	58	109
営業外費用合計	213	499
経常利益	22,117	23,106
特別利益		
投資有価証券売却益	－	3,254
特別利益合計	－	3,254
特別損失		
減損損失	－	2,575
退職給付制度終了損	－	665
事業撤退損失引当金繰入額	552	－
特別損失合計	552	3,241

税金等調整前当期純利益	21,564	23,120
法人税、住民税及び事業税	7,954	7,456
法人税等調整額	△932	130
法人税等合計	7,022	7,587
当期純利益	14,542	15,533
非支配株主に帰属する当期純利益	578	600
親会社株主に帰属する当期純利益	13,964	14,993

（出典）EDINET 閲覧サイト（情報サービス業 A 社）

図表１-６　連結包括利益計算書

（単位：百万円）

	前連結会計年度 （自　2016（平成28） 年４月１日 至　2017（平成29） 年３月31日）	当連結会計年度 （自　2017（平成29） 年４月１日 至　2018（平成30） 年３月31日）
当期純利益	14,542	15,533
その他の包括利益		
その他有価証券評価差額金	6,989	4,917
為替換算調整勘定	△97	71
その他の包括利益合計	6,892	4,989
包括利益	21,435	20,522
（内訳）		
親会社株主に係る包括利益	20,860	19,921
非支配株主に係る包括利益	574	601

（出典）EDINET 閲覧サイト（情報サービス業 A 社）

図表1-7 連結株主資本等変動計算書

前連結会計年度（自 2016（平成28）年4月1日 至 2017（平成29）年3月31日）

（単位：百万円）

	株主資本				
	資本金	資本剰余金	利益剰余金	自己株式	株主資本合計
当期首残高	12,952	9,950	90,634	△20,006	93,531
当期変動額					
剰余金の配当			△4,069		△4,069
親会社株主に帰属する当期純利益			13,964		13,964
自己株式の取得				△2	△2
自己株式の処分		0		0	0
株式交換による増加		949		2,592	3,542
株主資本以外の項目の当期変動額（純額）					
当期変動額合計	－	949	9,895	2,590	13,435
当期末残高	12,952	10,899	100,530	△17,416	106,966

	その他の包括利益累計額				非支配株主持分	純資産合計
	その他有価証券評価差額金	土地再評価差額金	為替換算調整勘定	その他の包括利益累計額合計		
当期首残高	8,296	△1,276	170	7,190	4,290	105,012
当期変動額						
剰余金の配当						△4,069
親会社株主に帰属する当期純利益						13,964
自己株式の取得						△2
自己株式の処分						0
株式交換による増加						3,542

株主資本以外の項目の当期変動額（純額）	6,989	—	△93	6,895	380	7,276
当期変動額合計	6,989	—	△93	6,895	380	20,712
当期末残高	15,286	△1,276	77	14,086	4,671	125,724

当連結会計年度（自 2017（平成29）年4月1日 至 2018（平成30）年3月31日）

(単位：百万円)

	株主資本				
	資本金	資本剰余金	利益剰余金	自己株式	株主資本合計
当期首残高	12,952	10,899	100,530	△17,416	106,966
当期変動額					
剰余金の配当			△4,497		△4,497
親会社株主に帰属する当期純利益			14,933		14,933
自己株式の取得				△3	△3
自己株式の処分		0		0	0
自己株式の消却		△17,393		17,393	—
利益剰余金から資本剰余金への振替		16,444	△16,444		—
株式交換による増加					—
土地再評価差額金の取崩			△1,276		△1,276
株主資本以外の項目の当期変動額（純額）					
当期変動額合計	—	△949	△7,285	17,390	9,155
当期末残高	12,952	9,950	93,244	△25	116,122

	その他の包括利益累計額				非支配株主持分	純資産合計
	その他有価証券評価差額金	土地再評価差額金	為替換算調整勘定	その他の包括利益累計額合計		
当期首残高	15,286	△1,276	77	14,086	4,671	125,724
当期変動額						
剰余金の配当						△4,497
親会社株主に帰属する当期純利益						14,933
自己株式の取得						△3
自己株式の処分						0
自己株式の消却						－
利益剰余金から資本剰余金への振替						－
株式交換による増加						－
土地再評価差額金の取崩						△1,276
株主資本以外の項目の当期変動額（純額）	4,917	1,276	70	6,264	383	6,648
当期変動額合計	4,917	1,276	70	6,264	383	15,804
当期末残高	20,203	－	147	20,351	5,055	141,528

（出典）EDINET 閲覧サイト（情報サービス業 A 社）

（単位：百万円）

	前連結会計年度 （自　2016（平成28） 年4月1日 至　2017（平成29） 年3月31日）	当連結会計年度 （自　2017（平成29） 年4月1日 至　2018（平成30） 年3月31日）
営業活動によるキャッシュ・フロー		
税金等調整前当期純利益	21,564	23,120
減価償却費	4,147	4,607
減損損失	58	2,575
のれん償却額	260	465
貸倒引当金の増減額（△は減少）	△0	1
賞与引当金の増減額（△は減少）	323	527
退職給付に係る負債の増減額（△は減少）	727	△11,109
役員退職慰労引当金の増減額（△は減少）	△9	5
受注損失引当金の増減額（△は減少）	919	△943
事業撤退損失引当金の増減額（△は減少）	452	△448
その他の引当金の増減額（△は減少）	26	△16
受取利息及び受取配当金	△409	△629
支払利息	27	12
投資有価証券評価損益（△は益）	−	△3,254
持分法による投資損益（△は益）	△36	△16
固定資産除却損	25	35
売上債権の増減額（△は増加）	△8,010	△5,646
たな卸資産の増減額（△は増加）	△534	△3,049
その他の流動資産の増減額（△は増加）	△401	141
仕入債務の増減額（△は減少）	1,148	495
その他の流動負債の増減額（△は減少）	△580	7,512
その他	△127	6,585
小計	19,572	20,972
利息及び配当金の受取額	409	626
利息の支払額	△27	△12
法人税等の支払額	△7,505	△8,447
営業活動によるキャッシュ・フロー	12,449	13,138
投資活動によるキャッシュ・フロー		
定期預金の預入による支出	△194	△207
定期預金の払戻による収入	−	207
有価証券の償還による収入	−	△3,987

有形及び無形固定資産の取得による支出	△4,739	△3,033
投資有価証券の取得による支出	△2,140	3,651
投資有価証券の償還による収入	2,000	−
非連結子会社株式の取得による支出	△291	−
差入保証金の差入による支出	△170	△2,864
差入保証金の回収による収入	76	20
その他	100	68
投資活動によるキャッシュ・フロー	△5,359	△6,145
財務活動によるキャッシュ・フロー		
自己株式の取得による支出	△2	△3
配当金の支払額	△4,069	△4,497
非支配株主への配当金の支払額	△193	△217
リース債務の返済による支出	△629	△1,077
その他	△18	△130
財務活動によるキャッシュ・フロー	△4,912	△5,926
現金及び現金同等物に係る換算差額	△59	33
現金及び現金同等物の増減額（△は減少）	2,117	1,099
現金及び現金同等物の期首残高	43,133	45,582
株式交換による現金及び現金同等物の増加額	332	−
現金及び現金同等物の期末残高	45,582	46,682

（出典）EDINET 閲覧サイト（情報サービス業 A 社）

2 貸借対照表の仕組みと読み方

ポイント！！

- ●貸借対照表が表示しようとする「財政状態」は、お金の出所（資金の調達源泉）とその運用状況（資金の使途）との均衡状況を示すことを理解しましょう。
- ●貸借対照表の構成内容は業種によって大きく異なっているので、個々の会社の貸借対照表の分析に当たっては、業種特性に注意しましょう。
- ●貸借対照表の科目分類基準としての「営業循環基準」と「１年基準」の二つの基準を理解し、資産、負債、純資産それぞれの分類の仕方と具体的項目を学習しましょう。

2-1 貸借対照表の仕組み

【貸借対照表の仕組み】

　貸借対照表は、一定時点における企業の「財政状態」の一覧表であり、大きくお金の出所（資金の調達源泉）とお金の運用状況（資金の使途）の二つの内容から構成されています。すなわち、企業が事業を行うために必要な資金をどこから調達したか、金融機関からの借入れによるのか（デット・ファイナンス）、あるいは、株式を発行することにより調達したか（エクイティ・ファイナンス）、また、それを資産としてどのような形態のものに投じ、運用しているかを一覧表示するものです。貸借対照表は、このような資金の調達源泉と使途との均衡状況を示す意味で、バランスシートと呼ばれています。

　図表1-9は、このような貸借対照表の仕組みを図示したものです。

【百分率貸借対照表の作り方】

　企業の貸借対照表の構成を示すものとして、百分率貸借対照表があります。これは資産の合計額を分母とし、各項目を分子にとることによって企業の全体プロフィールを表現しようとするものです。

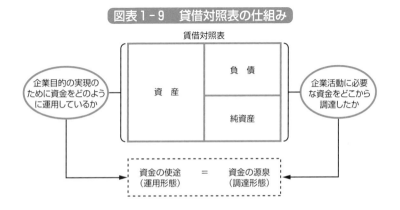

図表1-9　貸借対照表の仕組み

図表１-10　貸借対照表（全産業：2017（平成29）年度・連結ベース）

(%)

流動資産 43.2	流動負債 29.6	負債
固定資産 56.8	固定負債 27.1	56.7
	純資産 43.3	

（資料）日本政策投資銀行「産業別財務データハンドブック2018年版」
（以下「産業別財務データハンドブック2018年版」と表記）より一部算定

　図表１-10は、2017（平成29）年度の我が国全産業の貸借対照表を示したものです。

【貸借対照表の業種特性】

　貸借対照表の構成内容は、業種によって大きく異なっています。その一例として、2017（平成29）年度のガス業及び医薬品業の貸借対照表を比較してみましょう。（⇒図表１-11及び１-12参照）

　これら二つの図を比較すると、次のような業種の特徴が把握できます。

（１）　固定資産の占める割合の差異―ガス業では固定資産の構成割合が77.2%であるのに対し、医薬品業では53.4%にすぎません。

（２）　純資産の割合の差異―医薬品業では65.9%であるのに対し、ガス業では50.9%にすぎません。

（３）　負債のなかに占める流動負債と固定負債の割合の差異―ガス業では流動負債（17.1%）は固定負債（32.0%）の５割程度であるのに対し、医薬品業では逆に流動負債（17.5%）は固定負債（16.6%）の1.05倍程度を占めています。

　このように、個々の会社の貸借対照表の分析に当たっては、業種間の差異に注意して企業分析を行わなければなりません。

図表1-11　貸借対照表（ガス業：2017（平成29）年度・連結ベース）

(%)

流動資産 22.8	流動負債 17.1	負債 49.1
	固定負債 32.0	
固定資産 77.2	純　資　産 50.9	

（資料）「産業別財務データハンドブック2018年版」より一部算定

図表1-12　貸借対照表（医薬品業：2017（平成29）年度・連結ベース）

(%)

流動資産 46.6	流動負債 17.5	負債 34.1
	固定負債 16.6	
固定資産 53.4	純　資　産 65.9	

（資料）「産業別財務データハンドブック2018年版」より一部算定

2-2 貸借対照表の科目分類基準

【資産の分類基準】

　資産は、大きく流動資産と固定資産に区分できます。この区分の原則として、一般に、①営業循環基準及び②1年基準が採用されています。

　営業循環基準とは、企業の本来の事業活動を通じて、現金から現金へと一巡する価値循環過程を基準として流動・固定の区分を行う基準です。例えば、商業では、現金→商品→売掛金→現金という流れが営業循環であり、製造業の場合では、調達過程→生産過程→販売過程→財務過程というプロセスを経て、「現金」から始まり、「現金」に戻る流れが営業循環の過程です。この循環過程にあるすべての項目を流動資産として扱うのが、営業循環基準です。この基準による流動資産項目は、現金に近い項目から順次配列され、下へ行くほど現金になりにくい項目が配列されます。

　売掛債権以外の債権など、貸借対照表のすべての資産項目が営業循環基準で分類できるわけではありません。この場合、1年基準が適用されます。1年基準は、貸借対照表日（決算日）の翌日から起算して1年以内に現金化する資産を流動資産とし、1年を超えて現金化する資産を固定資産として扱う基準です。

【負債の分類基準】

　負債は、大きく流動負債と固定負債に区分できます。この場合の区分原則も、資産の場合と同様に、営業循環基準と1年基準です。営業循環基準に基づき、前受金、買掛金、支払手形などは、企業の主目的たる営業取引によって発生した債務であるので、流動負債として扱われます。その他の債務は1年基準によって、1年以内に支払期限の到来するものは流動負債とし、支払期限が1年を超えて到来するものは固定負債として扱います。

【純資産の分類基準】

　負債が返済を要する資金であるのに対し、資本は通常、戻す必要のない資金です。資本は、基本的には株主による出資金と、事業で得た利益の蓄積から構成されています。「資本金」や「資本剰余金」は、株主から払い込まれた払込資本をなします。また、企業内に留保された留保利益は、内部留保による付加資本です。

2-3 貸借対照表項目の分類

【資産の分類】

　資産は、流動資産、固定資産及び繰延資産に分類されます。「流動資産」は、当座資産、たな卸資産及びその他の流動資産に細分され、「固定資産」は、有形固定資産、無形固定資産及び投資その他の資産に細分されます。このような資産の分類を一覧表示したのが、図表1-13です。

　一般に換金性・流動性の高い資産を多くもつ企業は、当面の支払能力が高く、安全性の高い企業といえます。しかしながら、過度に流動性が高いことは、資金を有効に活用していないともいえます。このような資産項目の配分の仕方は、企業の財務戦略や経営方針をも反映するものです。

【資産項目の説明】

　当座資産とは、販売過程を経ることなく比較的短期間に容易に現金化する資産をいい、たな卸資産とは、①通常の営業過程において販売する目的で保有される資産（商品や製品）、②販売資産となるために生産過程の途中にあ

図表1-13　資産の分類一覧

資　産	流動資産	当座資産	現金、預金、受取手形、売掛金、一時所有の有価証券等
		たな卸資産	製品・商品、半製品、仕掛品、貯蔵品等
		その他の流動資産	前渡品、短期前払費用等
	固定資産	有形固定資産	建物・構築物、機械及び装置、船舶・車両・運搬具、工具・器具・備品、土地、建設仮勘定等
		無形固定資産	のれん、特許権、借地権、商標権、意匠権、鉱業権、漁業権等
		投資その他の資産	投資有価証券、関係会社株式・社債、出資金、長期貸付金、投資不動産、破産債権・更生債権、長期前払費用、退職給付に係る資産^(注)、繰延税金資産等
	繰延資産		創立費、開業費、社債発行費、開発費等

（注）個別貸借対照表の場合には前払年金費用

る資産（仕掛品）、③販売資産の生産のために漸次消費される資産（原材料や消耗品）を意味します。

たな卸資産は一般に在庫と呼ばれるものです。過剰在庫は企業のキャッシュ・フローの状況を悪化させるのみならず、評価損や保管・管理の費用を伴うなど、財務状況を悪化させます。それゆえ、いかにして無駄な在庫を減らし、効率よく在庫を管理するかが特に重要になります。

固定資産は有形・無形・投資の区分に分類されます。有形固定資産は、生産準備手段として役立つ実体価値を有する使用資産をいい、無形固定資産は、実体価値をもたない法律上の権利（特許権等）と事実上の権利（のれん）からなります。投資その他の資産は主として投資資産からなっていますが、それ以外に長期前払費用（長期間にわたる地代の支払分等）や繰延税金資産のように処分（売却）価値をもたない計算上の資産も含まれます。

【負債の分類】

負債は、通常、流動負債及び固定負債に分類されます。流動負債はおおむね1年以内に履行期の到来する債務を意味し、固定負債は履行期の到来が1年を超えるものを意味するものですので、前者を短期負債、後者を長期負債ということもあります。負債の内容は、図表1-14のとおりです。

なお、流動負債及び固定負債に含まれる引当金は、製品保証引当金、返品調整引当金、修繕引当金、特別修繕引当金など、将来の特定の費用又は損失

図表1-14　負債の分類一覧

負債	流動負債	短期金銭債務	支払手形、買掛金、短期借入金、未払法人税等
		短期性引当金	返品調整引当金等
		その他の流動負債	前受金、預り金、前受収益、未払費用等
	固定負債	長期金銭債務	社債、長期借入金、関係会社長期借入金等
		長期性引当金	退職給付に係る負債（注）
		その他固定負債	繰延税金負債等

（注）個別貸借対照表の場合には退職給付引当金

の補塡のための準備額としての性格をもちます。

【純資産の分類】

　純資産は、大きく株主資本と株主資本以外の項目に区分できます。株主資本を構成する主な要素は、資本金、資本剰余金及び利益剰余金であり、株主資本以外の項目とは、評価・換算差額等、新株予約権及び非支配株主持分（連結貸借対照表の場合）です。純資産の部の区分を表したものが、図表1-15です。

　会社設立の場合であれ、増資の場合であれ、原則的には、株式の発行価額がそのまま資本金とされます。ただし、発行価額の2分の1を超えない額を資本準備金とすることができます。したがって、資本準備金は、本来的に株主の払込資本の一部としての性格をもっています。

　資本剰余金の資本準備金及び利益剰余金の利益準備金を法定準備金といいます。法定準備金とは、企業の財務基盤を保つために積み立てることを会社法で義務付けられたものです。会社法の規定によると、法定準備金の合計額が資本金の4分の1に達するまでは、配当金の10分の1を資本準備金又は利益準備金として積み立てなければなりません（会社法445条）。また、任意積立金とは、会社の稼得した利益のうち一定の目的のために留保した利益のことです。

　また、評価・換算差額等（その他の包括利益累計額）には、その他有価証券評価差額金や繰延ヘッジ損益のように、資産又は負債は時価をもって貸借対照表価額としているが評価差額を当期の損益としていない場合の評価差額、連結貸借対照表の場合には為替換算調整勘定や退職給付に係る調整累計額等が含まれます。なお、評価・換算差額等（その他の包括利益累計額）は、これらに係る繰延税金資産又は繰延税金負債の額を控除した金額を記載します。

図表1-15　純資産の部の区分

（個別貸借対照表）	（連結貸借対照表）
Ⅰ　株主資本	Ⅰ　株主資本
1　資本金	1　資本金
2　新株式申込証拠金	2　新株式申込証拠金
3　資本剰余金	3　資本剰余金
（1）　資本準備金	
（2）　その他資本剰余金	
資本剰余金合計	
4　利益剰余金	4　利益剰余金
（1）　利益準備金	
（2）　その他利益剰余金	
××積立金	
繰越利益剰余金	
利益剰余金合計	
5　自己株式	5　自己株式
6　自己株式申込証拠金	6　自己株式申込証拠金
株主資本合計	株主資本合計
Ⅱ　評価・換算差額等	Ⅱ　その他の包括利益累計額
1　その他有価証券評価差額金	1　その他有価証券評価差額金
2　繰延ヘッジ損益	2　繰延ヘッジ損益
3　土地再評価差額金	3　土地再評価差額金
	4　為替換算調整勘定
	5　退職給付に係る調整累計額
	6　持分法適用会社に対する持分相当額
	その他の包括利益累計額合計
評価・換算差額等合計	
Ⅲ　新株予約権	Ⅲ　新株予約権
	Ⅳ　非支配株主持分
純資産合計	純資産合計

3
損益計算書の仕組みと読み方

ポイント！！

●損益計算書は、「**売上総利益**」、「**営業利益**」、「**経常利益**」及び「**当期純利益**」の4種の利益を段階的に区分表示することによって、企業の経営成績を表すことを理解しましょう。
●企業の収益性分析においても、業種の特殊性が強く反映されることを学習しましょう。

3-1　損益計算書の仕組み

　損益計算書は、企業の利害関係者集団に対し、企業の収益力の程度を開示することによって、より良い収益力判断の材料を提供しようとするものです。具体的には、次の4種の利益を段階的に区分表示することによって、一定期間の経営成績を表示するものです。

---

(1)「売上総利益」：営業活動による「売上高」から、費用の「売上原価」を差し引いた粗利益

(2)「営業利益」：　売上総利益から販売活動や一般管理業務に費やした「販売費及び一般管理費」を差し引いた利益

(3)「経常利益」：　営業利益に「営業外収益」を加え、「営業外費用」を差し引いた利益

(4)「当期純利益」：経常利益に通常の企業活動以外の要因で発生した「特別利益」を加え、「特別損失」を差し引き、法人税等の税金も除いた最終の利益

　これらの利益計算の階層構造を描いたのが、図表3-16です。
　前記の(1)～(3)により企業の期間的業績の良否が判定でき、前記(4)によってその期における処分可能利益が算定されます。この処分可能利益が、配当金・役員賞与金など社外分配及び社内留保として処分の対象となります。

図表1-16　損益計算書の仕組み

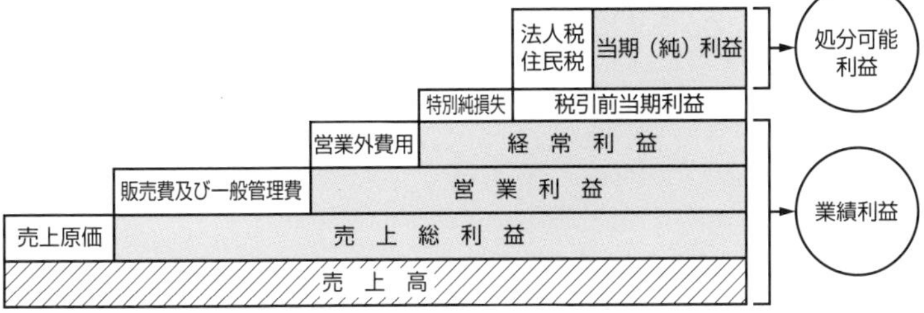

株式投資を行う場合、投資尺度としての１株当たり利益（EPS）、株価収益率（PER）及び自己資本利益率（ROE）は、いずれも純利益に基づき算定されているという意味では、最終損益が最も重要になります。しかし、最終損益は退職給付債務の積立不足の処理など特別損益に大きく影響されがちです。したがって、企業の本業の収益力を評価するためには、営業利益や経常利益が重視されることになります。

　図表１-17は、我が国全産業の過去10年間を対象として、売上高を100とした場合の４種の利益の比率の平均値を掲げたものです。

　また、前掲の図表１-６のように、金融商品取引法においては、有価証券報告書提出会社は損益計算書に加えて包括利益計算書の作成が求められています。包括利益とは、ある企業の特定期間の財務諸表において認識された純資産の変動額のうち、純資産に対する持分所有者（出資者）との直接的な取引によらない部分を指します。そして、包括利益のうち当期純利益に含まれない部分がその他の包括利益です。

　連結包括利益計算書では、当期純利益にその他の包括利益の内訳項目を加減して包括利益が表示されます。その他の包括利益の内訳項目は、その内容に基づいて、その他有価証券評価差額金、繰延ヘッジ損益、為替換算調整勘定、退職給付に係る調整累計額等に区分して表示されます。そして持分法適

図表１-17　各種利益の比率（全産業：連結ベース）

(%)

年度 区分	2008 (平成20)	2009 (平成21)	2010 (平成22)	2011 (平成23)	2012 (平成24)	2013 (平成25)	2014 (平成26)	2015 (平成27)	2016 (平成28)	2017 (平成29)
売 上 高	100.0	100.0	100.0	100.0	100.0	100.0	100.0	100.0	100.0	100.0
売上総利益	21.4	22.9	23.6	22.5	22.4	23.1	23.4	24.6	25.3	25.2
営 業 利 益	3.7	4.1	5.8	4.9	4.9	5.9	6.1	6.5	6.9	7.2
経 常 利 益	3.0	3.8	5.6	4.7	5.0	6.1	6.4	6.4	7.0	7.6
税引後利益	0.3	1.6	2.6	1.9	2.3	3.7	3.8	3.7	4.4	5.4

（資料）「産業別財務データハンドブック2018年版」

用範囲に対するその他の包括利益の持分相当額は、一括して区分表示されます（持分法については、「4-2　連結財務諸表の仕組み」で後述）。

3-2　損益計算書の業績特性

　損益計算書を用いた企業分析の一例として、利益率と回転率（⇒詳しくは本章「7　収益性分析」及び「9　資本効率性・損益分岐点分析」参照）を取り上げます。

　貸借対照表の場合と同様、ここでも業種の特殊性に注意する必要があります。例えば、2017（平成29）年度における、全産業、ガス業及び医薬品業の、損益計算書における売上高を100%とした場合の費用等の比率は、図表1-18のとおりです。

　これより、ガス業も医薬品業も、売上高に対する売上総利益の占める割合は全産業の平均を上回っていることが分かります。特に医薬品業では、売上原価の割合が全産業の平均の半分以下にすぎず、売上総利益の割合は圧倒的に高いものとなっています。しかし、その反面、販売・宣伝など「販売費及び一般管理費」に多額の費用を要する業種の特徴がよく反映されています。

　この二つの業種の収益力をみるためには、企業の収益性・資本効率性の分析が必要になります。図表1-19は、その一例を示したものです。

　2017（平成29）年度においては、売上高利益率についてはガス業が3.7%であるのに対し、医薬品業ではその3.14倍の11.6%と大きく上回っています。一方、自己資本利益率についてはガス業が5.4%、医薬品業では9.1%とその

図表1-18　業種別の費用等の比率（2017（平成29）年度・連結ベース）

(%)

区分 項目	全産業	ガス業	医薬品業
売上原価	74.8	66.4	34.0
売上総利益	25.2	33.6	66.0
販売費及び一般管理費	18.0	27.5	50.7
当期純利益	5.4	3.7	11.6

（資料）「産業別財務データハンドブック2018年版」より一部算定

図表1-19 業種別利益率及び回転率（連結ベース）

項目	ガス業		医薬品業	
	2016 (平成28) 年度	2017 (平成29) 年度	2016 (平成28) 年度	2017 (平成29) 年度
売上高利益率 (%)	4.1	3.7	10.6	11.6
自己資本利益率 (%)	5.7	5.4	8.3	9.1
自己資本回転率 (回)	1.37	1.46	0.79	0.79

（資料）「産業別財務データハンドブック2018年版」に基づき一部算定

1.68倍にとどまります。売上高利益率に大差がついた理由は、ガス業の自己資本回転率（1.46回転）が医薬品（0.79回転）の約1.84倍となっており、資本効率の面でも差が生じているためと思われます。

4

連結財務諸表の仕組みと読み方

ポイント！！

●連結の売上高や利益、資産等が親会社単独の場合の何倍あるかという「連単倍率」を学び、連結財務諸表の意義を学習しましょう。

●個別利益と連結利益との関係を把握し、「連結上の調整」でマイナス調整が多いときは、連結子会社が利益会社であっても、連結純利益が親会社の単独純利益より大きくならないことを理解しましょう。

●「少数株主持分」や「のれん」など連結財務諸表に特有な項目に注目しつつ、「連結決算手続」の特徴を学習しましょう。

4-1 連結財務諸表の見方・読み方

【連結財務諸表とは】

　連結財務諸表とは、出資関係などで密接につながっている企業集団を単一組織体のように見立てて、その財政状態と経営成績を明らかにしようとするものです。子会社などを通じて多様な事業を展開する企業の場合、親会社の個別財務諸表だけでは企業の実態を正しく反映することができないため、連結財務諸表が作成されなければなりません。

　連結財務諸表は個別財務諸表を基礎として作成されることになりますが、その場合、単に個別財務諸表の単純な合算手続によるものではなく、一定の「連結決算手続」に基づき、グループ内の資産や損益の重複を取り除いて作成されることになります。

【連単倍率】

　連結財務諸表を親会社単独の財務諸表と比較すれば、グループ全体の売上高や利益、資産等の規模が親会社単独の場合の何倍あるかを知ることができます。この倍率を「連単倍率」といいます。総資産、売上高、経常利益の連単倍率は、景気拡大期には高まり、景気後退期にはおおむね低下する傾向にあります。

【連結純利益は親会社の単独純利益より大きいか】

　連結子会社が赤字会社ばかりである場合、おおむね「親会社の単独純利益＞連結純利益」になるといえます。それでは、連結子会社が利益会社である場合、常に「親会社の単独純利益＜連結純利益」の関係が成り立つといえるでしょうか。

　これを理解するためには、まず個別利益と連結利益との関係を理解する必要があります。この両者の関係は、次のとおりです。

連結純損益＝親会社単独純利益＋連結子会社の正味合算利益±連結上の調整

　「プラス調整項目」には、のれん（貸方）の償却、未実現損失の消去、持分法適用による投資利益、為替換算差益、税効果会計の適用による繰延税金資産の計上などが含まれます。

　他方、「マイナス調整項目」には、のれん（借方）の償却、未実現利益の消去、受取配当金の消去、持分法適用による投資損失及び税効果会計の適用による繰延税金負債の計上などが含まれます。

　したがって、「連結上の調整」でマイナス調整が多いときは、連結子会社が利益会社であっても、「親会社の単独純利益＞連結純利益」となります。

4-2　連結財務諸表の仕組み

【連結の範囲】

（1）　持株基準と支配力基準

　連結財務諸表に含まれる企業の範囲（連結の範囲）を決定する基準として、従来我が国では持株基準（議決権の過半数（50％超）の所有）がとられてきました。

　しかし、現実には、50％以下であっても、当該会社を事実上支配している場合もあります。このような被支配会社をも連結の範囲に含めようとするのが、支配力基準です。

（2）　親会社・子会社

　親会社とは、他の会社を支配している会社をいい、子会社とは、当該他の会社のことをいいます。

　「支配」しているとは、「他の会社の意思決定機関を支配していること」であって、その具体的な判定の基準として、所有割合が50％以下であっても、「高い比率の議決権」を有しており、かつ、「役員、関連会社等の協力的な株主」がいること等で、「株主総会における議決権の過半数を継続して占めている」こと等の事実が認められる場合のことをいいます。

（3）　直接所有と間接所有

　子会社には、直接所有関係（親会社が子会社を直接支配している関係）にあるものだけでなく、間接所有関係（子会社が更に他の子会社を支配している関係）も含まれます。

　このように、直接所有の関係も間接所有の関係も、共に持株基準を含む形での支配力基準により規定されるところに特徴があります。

（4）　非支配株主持分・親会社持分

　非支配株主持分とは、「子会社の資本のうち親会社に帰属しない部分」をいいます。

　例えば、子会社の資本勘定が60％所有と40％所有に分割されている場合、

議決権の過半数（60%）を所有する会社を親会社といい、その残余の割合（40%）を所有する株主を非支配株主といいます。

　したがって、親会社も非支配株主もその持株割合に応じて、子会社の資本勘定に対して持分権を有しています。子会社の資本勘定に対し親会社の持株割合を乗じて得られる金額を親会社持分といい、非支配株主の持株割合を掛け合わせた金額を非支配株主持分といいます。

（5）　非連結子会社

　親会社は、原則としてすべての子会社を連結の範囲に含めなければなりません。

　ただし、支配が一時的であると認められる会社等、連結することにより利害関係者の判断を著しく誤らせるおそれのある会社は、連結の範囲に含めてはなりません。このような会社を非連結子会社といいます。

（6）　関連会社

　関連会社とは、親会社及び子会社が出資、人事、資金、技術及び取引等の関係を通じて、子会社以外の他の会社の財務及び営業の方針決定に対して重要な影響を与えることができる場合における当該他の会社をいいます。

　つまり、関連会社とは、「財務及び営業の方針決定に対して重要な影響」を与えることができるような関係にある会社をいいます。典型例として、子会社以外の他の会社の議決権の20%以上を実質的に所有している場合が挙げられます。

　前述のような非連結子会社及び関連会社に対する投資については、原則として持分法を適用しなければなりません。

【連結貸借対照表の作り方】

（1）　子会社の資産・負債の時価評価と連結貸借対照表の作成

　連結財務諸表の作成は、親会社が他の会社を支配するに至った日（支配獲得日）において行われます。ただし、支配獲得日に作成される連結財務諸表は、連結貸借対照表のみです。

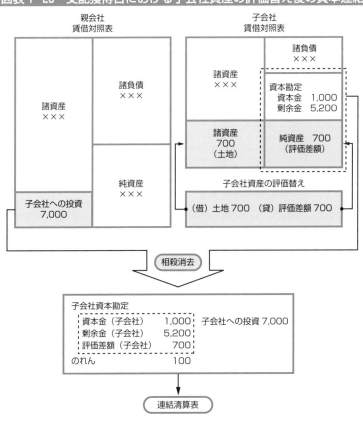

図表1-20　支配獲得日における子会社資産の評価替え後の資本連結

　企業会計審議会「連結財務諸表原則」（1997（平成9）年6月6日）によると、支配獲得日において、子会社の資産及び負債をその日における公正な評価額（いわゆる時価）により評価すべきとしています。子会社の資産・負債の時価評価額と個別財務諸表上の金額（原価評価額）との差額を評価差額と名付け、子会社の資本として扱われます。このような処理を行った後に資本連結（親会社の投資額と子会社の資本勘定との相殺）が行われています。

　例えば、子会社の諸資産中に含まれる土地の帳簿価額が300円で、その時

価評価額が1,000円であったとすると、土地を時価評価するとともに、時価と帳簿価額との差額（700円）は、評価差額として資本勘定に掲記されることになります。

（2） のれん

　次に、親会社の投資勘定と子会社の資本勘定とが相殺消去されなければなりません。この場合、差額（「投資消去差額」といいます。）が発生すれば、この投資消去差額は原則としてのれんとして処理されます。のれんは、実物財の時価を超える超過額を表します。

　のれんは、借方に生ずる場合は、これを無形固定資産の区分に表示し、貸方に生ずる場合は、これを発生年度の利益（特別利益）として処理します。

　前掲の図表1-20は、支配獲得日における子会社資産の評価替え後の資本連結の処理方法を例示するものです。

（3） 連結精算表

　このような連結の手続を一つの表で表現したものが、「連結精算表」です。

　子会社の資産・負債の時価評価や資本連結手続は、あくまで連結精算表上の手続として行われる点に留意してください。

【連結財務諸表間の相互関係】

　最後に、分析対象会社A社（⇒図表1-4、1-5及び1-7参照）について、2017（平成29）年3月期の連結損益計算書、連結貸借対照表及び連結株主資本等変動計算書の相互関係を図表1-21に掲げます。

図表1-21 連結財務諸表間の相互関係

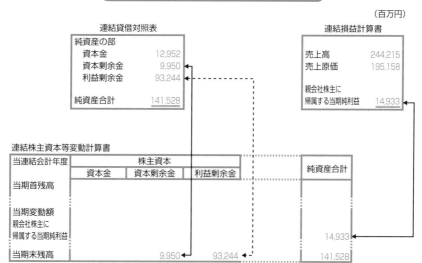

（百万円）

連結貸借対照表

純資産の部	
資本金	12,952
資本剰余金	9,950
利益剰余金	93,244
純資産合計	141,528

連結損益計算書

売上高	244,215
売上原価	195,158
親会社株主に帰属する当期純利益	14,933

連結株主資本等変動計算書

当連結会計年度	株主資本			純資産合計
	資本金	資本剰余金	利益剰余金	
当期首残高				
当期変動額 親会社株主に帰属する当期純利益				14,933
当期末残高		9,950	93,244	141,528

5 キャッシュ・フロー計算書の仕組みと読み方

ポイント！！

- ●損益計算書が収益・費用という期中の「キャッシュ・フローの抽象的側面」を取り扱うのに対し、キャッシュ・フロー計算書は、現金勘定の増減をもたらす収入・支出という期中の「キャッシュ・フローの具体的側面」に焦点を置くことを理解しましょう。
- ●キャッシュ・フロー計算書では、キャッシュ・フローを企業活動に関連付けて、①営業活動、②投資活動、③財務活動の3領域に区分して表示することを学習しましょう。

5-1 キャッシュ・フロー計算書

【キャッシュ・フロー計算書とは】

キャッシュ・フロー計算書とは、「一会計期間におけるキャッシュ・フローの状況を一定の活動区分別に表示するものであり、貸借対照表及び損益計算書と同様に企業活動全体を対象とする重要な情報を提供するもの」として定義されます。

「企業がどれくらいキャッシュを獲得し、どれくらい投資や債務弁済に充てることができ、最終的に手元にいくら残っているか」という資金の流れと有高は、企業経営の根幹をなすものです。これに対し、損益計算書では、一定期間の収益と費用との差額としての損益を発生態様別に区分して表示するにすぎません。また、貸借対照表もキャッシュ・フローの期末残高を掲記するのみで、その増減の具体的内容を明示するものではありません。

キャッシュ・フロー計算書は、企業活動の状況を①営業活動、②投資活動、③財務活動という3領域に区分し、そこでのキャッシュ・フローの状況から、企業活動の全般の動きをとらえようとするものです。

【キャッシュ・フロー計算書の特徴】

キャッシュ・フロー計算書がどのようなものであるかを、簡単な設例を使って説明します。いま、100万円出資して情報サービス事業を始めたとしましょう。期中の取引として、サービス料70万円を受け取り、賃貸料15万円と営業費35万円を支払ったとします。この会社の損益計算書、貸借対照表及びキャッシュ・フロー計算書は、図表1-22に示すとおりです。

これより、次の4点が指摘されます。

（1）　期中の損益取引は、「受取サービス料（収益）＝キャッシュ・インフロー」、「賃貸料・営業費（費用）＝キャッシュ・アウトフロー」の関係にあります。「受取サービス料（収益）」と「賃貸料・営業費（費用）」との部分

を取り出して損益計算書が作成されます。——キャッシュ・フローの抽象的側面

（２） 期中の現金増加額と期首の現金有高との合計金額が貸借対照表の現金勘定に掲記されます。——キャッシュの具体的ストック量

（３） 現金勘定の増減をもたらす収入と支出とを集めて、キャッシュ・フロー計算書（直接法）が作成されます。——キャッシュ・フローの具体的側面

（４） 税金等調整前当期純利益から出発して、利益計算のなかで現金収支を伴わない項目を取り除くことによってキャッシュ・フロー計算書（間接法）が作成されます。——有高比較によるキャッシュ・フロー

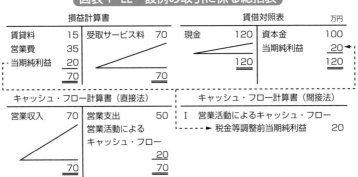

図表1-22　設例の取引に係る総括表

【資金の範囲】

　キャッシュ・フロー計算書における「キャッシュ概念」は、「現金及び現金同等物」を意味します。「現金」には手許現金及び要求払預金を含み、また、「現金同等物」には「容易に換金可能であり、かつ、価値の変動について僅少なリスクしか負わない短期投資」が含まれます。

　したがって、価格変動リスクの高い株式等は資金の範囲から除くこととされています。

【資金の表示区分】

　連結キャッシュ・フロー計算書は、キャッシュ・フローを企業活動に関連付けて、次の三つの領域に区分して表示します。

（1）　営業活動によるキャッシュ・フロー
（2）　投資活動によるキャッシュ・フロー
（3）　財務活動によるキャッシュ・フロー

　営業活動領域は、本来の事業活動である製品の製造・販売によって利益を生み出す活動です。製品を製造するためには、機械装置等の固定設備への投資を必要とします。

　投資活動領域は、このような固定設備の取得や処分を取り扱います。生産準備のための設備投資は、企業の生産能力を規定し、営業活動の規模によって、その流れの速度が規定されます。したがって、投資活動領域は、営業活動の規模を規定するとともに、営業活動によって投資効率が規定されるという関係にあります。

　また、営業・投資活動を行うためには、必要とする資金を調達しなければなりません。この機能を果たすのが財務活動領域です。その結果、企業の株主資本や借入れの規模や構成が変化します。

　キャッシュ・フローをこれらの3領域に関連付けて把握しようとするものが、キャッシュ・フロー計算書です。

II

企業分析の手法

6
企業分析の目的と方法

ポイント！！

●財務諸表の作成過程が企業活動を認識、測定し、その結果を利用者に伝達
しようとするのに対して、企業分析は、利用の側面から、財務諸表に含ま
れる情報を加工・分解しようとすることを理解しましょう。

●分析の対象、課題、及び手法の相違によって様々な企業分析が可能になる
が、最終的には対象会社やその業種の特殊性を考慮しつつ、総合的評価が
必要となることを学習しましょう。

6-1　企業分析の目的と対象

　財務諸表の利用者は、投資判断等に必要な情報を得るためには、そこに記載された財務内容を分析し、解釈しなければなりません。このような利用の側面から、財務諸表に含まれる情報を加工・分解することを、一般に企業分析ないし経営分析（財務諸表分析）といいます。

　財務諸表は、企業の経営活動を財務的側面から認識し、測定し、その結果を利用者に伝達しようとするものです。利用者は、開示された情報内容をその利用目的に応じて分析することによって企業の経済活動の良し悪しを判断することが可能になります。これが企業分析です。

　企業分析はオリジナル・データとしての財務諸表に基づくので、その範囲と内容は、財務諸表の内容や特性によって基礎付けられるものです。この分析の主たる対象となるのは、既に本章1～5で示したような財務諸表、つまり、貸借対照表、損益計算書及びキャッシュ・フロー計算書です。

　図表1-23は、このような企業分析の全体像を示したものです。

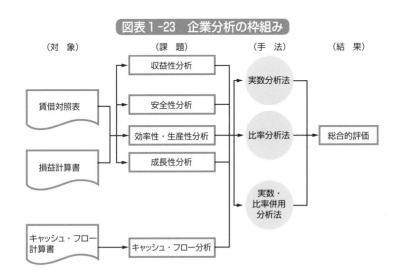

図表1-23　企業分析の枠組み

6-2　企業分析の課題

　利用者の利用目的に応じて、種々の異なった企業分析が可能になります。一般に、企業分析における主要な任務（課題）として、次の五つが考えられます。

（1）　収益性分析
（2）　安全性分析
（3）　効率性・生産性分析
（4）　成長性分析
（5）　キャッシュ・フロー分析

　収益性分析とは、企業活動の結果として企業がどれほどの利益を上げたかについて、利益を生み出す元手となった「資本」の大きさや、その元手を使って獲得した「売上高」との割合として表したものです。損益計算書は、一定期間においていくらの収益を獲得し、それを得るのにどれほどの経済的犠牲（費用・損失）を伴うかを一覧表示したものなので、そこに含まれる情報は企業の収益性に関する情報を示しています。

　安全性分析とは、企業が財政的に健全であるかどうか、支払期日が到来したときに十分な返済能力があるかどうかという、財務の健全性や流動性の判断指標をなすものです。このような一定時点での財政状態を体系的に表示するのは貸借対照表ですので、貸借対照表が安全性分析の主たる材料を提供します。安全性分析は、収益性分析と同様、企業の長期的存続可能性を判定する指標になります。

　投下した資本の収益性を考える場合、資本が効率的に運用されているかどうかを把握しなければなりません。このような資本（資産）の効率的運用を判断するために行われるのが効率性分析（あるいは資本効率性分析）であり、通常、「回転率」によって表示されます。

　他方、労働力や機械など生産要素活用の効率性を把握するのが生産性分析であり、これには従業員や設備１単位当たりの付加価値創出額を示す労働生産性や設備生産性の分析が含まれています。

　投資者の投資判断において最も重要なのが成長性分析です。これは、短期的には、売上高や経常利益が対前年度比でどの程度の伸び率の推移を示すかを分析するものです。通常、増収率や増益率といわれるものが、最もポピュラーな成長性指標です。

　よく「勘定合って銭足らず」といわれるように、会計上は利益が出ていても、キャッシュ・フロー（現金収支）が伴わなければ、正常な企業活動を継続することは困難になります。キャッシュ・フロー分析とは、このようなキャッシュ・フローをベースにした分析をいいます。近年、特に企業の信用力が注目されるようになるとともに、投資者や経営者は企業のキャッシュ・フローの実態に大きな関心をもつようになりました。このようなキャッシュ・フローの状況を活動区分別に表示したのがキャッシュ・フロー計算書です。

6-3　企業分析の手法

企業分析を行うに当たって、大きく次の三つの方法があります。

（1）　実数分析法
（2）　比率分析法
（3）　実数・比率併用分析法

　実数分析法とは、分析資料の金額について、実数のまま細分化したり、差額を求めたりすることによって、金額の増減の原因を得ようとする方法です。例えば、当年度の利益額や売上高の増減分析を行ったり、当期の売上高について、発生源泉（商品売上、委託売上、サービス売上など）、発生場所（親会社売上、子会社売上など）及び発生態様（現金売上、掛売上など）に基づき細分化したりすることによって、増減の原因究明に役立てることができます。

　企業分析において最もよく利用されている手法が比率分析法です。これは、ある全体に占める各構成要素項目の金額数値の部分を示したり（構成比率分析法）、二つ以上の相互に関連ある項目の比率を求めたり（特定比率分析法）、あるいは特定の基準年度の数値を100として、それ以降の年度の数値を指数として示す（趨勢比率分析法）ことによって財務数値間の相対関係を把握しようとするものです。

　この実数分析法と比率分析法を併用したものが、実数・比率併用分析法です。例えば、損益分岐点分析（収支が均衡するために必要な売上高を求める分析）では、すべての費用を固定費と変動費に区分するとともに、変動費と売上高との比率（変動費比率）を求めなければなりません。

6 - 4　総合的評価

　最後に、分析結果を総合的に結び合わせ、分析対象会社の業績及び財務実態の良否を総合的に判定しなければなりません。この場合、特に次の二つの側面からの分析が重要になります。

　　イ．当該会社の属する業種が、全産業のなかでどのような財務的特性を
　　　　もっているかの分析―当該業種の特殊性の把握

　　ロ．当該会社が、それが属する業種のなかでどのような財務的特性をもっ
　　　　ているかの分析―当該会社の特殊性の把握

　これらの二つの側面から、各種の分析結果から得られた指標を総合的に考慮しつつ、最終的な判断を得ることになります。

7

収益性分析

ポイント！！

● 収益力を測る最も一般的な指標として、ストック量としての資本をベースとする「資本利益率」とフロー量としての売上高をベースとする「売上高利益率」の二つの見方があることを理解しましょう。

● 資本利益率とは、資本の利用によってどれほどの利益をあげることができたかを示すものであり、その尺度として総資本（純）利益率、（使用）総資本事業利益率、自己資本利益率、資本金（純）利益率及び資本経常利益率の意味と計算を学習しましょう。

● 同様に、売上高に対してどれほどの利益をあげることができたかを示すのが売上高利益率であり、その尺度としての売上高（純）利益率、売上高総利益率、売上高営業利益率及び売上高経常利益率の意味と計算を学習しましょう。

（注）　2006（平成18）年5月1日の会社法施行に伴い、「株主資本」は資本金、新株式申込証拠金及び資本剰余金、利益剰余金を合わせた額、「自己資本」は株主資本に評価・換算差額等を合わせた額、そして「純資産」は自己資本に新株予約権と少数株主持分を合わせた額を指すようになりました。

7-1　収益性分析の意義と体系

　営利企業を対象とする場合、投資対象会社が儲かっている会社かどうか、つまり、収益力の高い企業であるかどうかが投資者の大きな関心事といえるでしょう。この場合、いかにして企業の収益力ないし収益性を測るかが問題となります。

　収益力を測る最も一般的な指標は、利益数値です。しかしながら、規模の異なる企業間での利益額の単純比較は、その企業の収益力を正しく反映するものではありません。企業間比較を行うためには、利益を生み出す「元になるベース」との比率として用いるべきでしょう。このような元になるベースを何に求めるかによって、大きく次の二つの分析視点が示されます。

（1）　ストック量としての資本をベースとして、利益との割合を求める方法―資本利益率

（2）　フロー量としての売上高をベースとして、利益との割合を求める方法―売上高利益率

　したがって、収益性とは、企業活動の成果としての利益額を「その源泉」と関連づけた効率性を意味します。資本利益率は、利益が資本の活用によってもたらされた点に注目し、ストック量としての何らかの資本額と関連付けて企業の収益性を把握しようとするものです。それに対して、売上高利益率は、利益額の算定の基礎をなすのが売上高である点に注目して、フロー量としての売上高に対してどのくらい利益があるかをみようとするものです。

　このような資本利益率、売上高利益率の代表的なものを例示的に示したのが、図表1-24です。

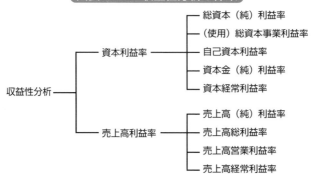

図表 1 -24　収益性分析の体系

収益性分析 ─┬─ 資本利益率 ─┬─ 総資本（純）利益率
　　　　　　　│　　　　　　　├─ （使用）総資本事業利益率
　　　　　　　│　　　　　　　├─ 自己資本利益率
　　　　　　　│　　　　　　　├─ 資本金（純）利益率
　　　　　　　│　　　　　　　└─ 資本経常利益率
　　　　　　　│
　　　　　　　└─ 売上高利益率 ─┬─ 売上高（純）利益率
　　　　　　　　　　　　　　　　　├─ 売上高総利益率
　　　　　　　　　　　　　　　　　├─ 売上高営業利益率
　　　　　　　　　　　　　　　　　└─ 売上高経常利益率

7-2 資本利益率

資本の利用によって、どれほどの利益を上げることができたかを示すもので、一般に、次のような算式で表されます。

$$資本利益率（％）=\frac{利益}{資本（期首・期末平均）}×100$$

分母の「資本」には、平均資本が用いられます。つまり、一定期間に運用した資本量の平均がとられなければなりませんが、その簡便法として、「（期首資本＋期末資本）÷2」という形が一般に用いられています。また、分子の利益には、年利益がとられます。

分母にどのような資本をとるか、あるいは、分子にどのような利益をとるかにより、各種の資本利益率が求められます。利益率を求める場合の資本としては、一般に、総資本、自己資本及び資本金の3種のものが使われることが多いです。これらの資本がどのようなものであるかを表示したものが、図表1-25です。

なお、分子の利益として、経常利益、当期利益などが取り上げられることが多いです。したがって、これらの資本と利益との組合せで、前掲の図表1-24で示すように種々の資本利益率が求められることになります。

図表1-25　3種の資本概念

資　産	他人資本 （負　債）		総資本
	資本金	自己資本	
	剰余金など		

（1）　総資本（純）利益率

$$総資本（純）利益率（\%）=\frac{当期（純）利益}{総資本（期首・期末平均）}\times100$$

【総資本（純）利益率の意味】

　総資本（純）利益率（リターン・オン・アセット：ROA）とは、企業に投下された資本全体の効率的利用を判定する最も一般的かつ基本的比率です。この関係は、次のように表現されます。

$$総資本＝総資産＝自己資本＋他人資本（負債）＋非支配株主持分など$$

　したがって、株主といった特定の出資者の視点からではなく、負債をも含めた企業全体の立場からの資本利用の効率性を示すものです。

【修正総資本（純）利益率】

　ところが、前述の計算式の分母には他人資本が含まれていますので、理論的にそれに対応するためには、分子の利益は、他人資本利息（借入金の利息及び割引料）控除後の当期純利益ではなくて、当期純利益に他人資本利息を加えた金額を用いなければなりません。これを修正総資本（純）利益率といいます。

$$修正総資本（純）利益率（\%）=\frac{当期（純）利益＋他人資本利息}{総資本（期首・期末平均）}\times100$$

　それでは、前述の二つの総資本（純）利益率のいずれをとるべきでしょうか。

　理論的には、修正総資本（純）利益率の方が優れているといえます。しか
し、従来の統計分析では、分子を当期（純）利益とする総資本（純）利益率
が多く用いられてきており、計算の簡便法の点からもそれが一般によく用い
られています。

　なお、当期（純）利益についても、企業が開示する情報としては税引前利
益と税引後利益がありますが、後述の企業分析では、日本政策投資銀行によ
る統計データとの比較を行う便宜上、税引後利益を用いています。

【実例への適用】

　前掲の図表1-4と図表1-5に基づき、分析対象会社（情報サービス業を
行っているA社）の総資本利益率を求めると、次のとおりとなります。

2016（平成28）年度：総資本利益率＝当期純利益÷総資本（期首・期末平均）×100
（連結ベース）

$$= \frac{13{,}964}{(175{,}696^* + 200{,}811) \div 2} \times 100$$

$$= \frac{13{,}964}{188{,}254} \times 100 = 7.42\%$$

2017（平成29）年度：総資本利益率＝当期純利益÷総資本（期首・期末平均）×100
（連結ベース）

$$= \frac{14{,}933}{(200{,}811 + 224{,}349) \div 2} \times 100$$

$$= \frac{14{,}933}{212{,}580} \times 100 = 7.02\%$$

＊2015（平成27）年度末の総資本　175,696百万円

【良否の判定】

　上で求められた総資本（純）利益率7.42%（2016（平成28）年度）、
7.02%（2017（平成29）年度）が望ましい比率であるかどうかは単独では判

定できず、この比率を全産業や当該会社が属する業種の平均と比較したり、あるいは、過去何年間か時系列的に把握してその趨勢を分析したりする必要があります。

　比較の参考として、2017（平成29）年度（2018（平成30）年3月31日決算）の総資本利益率（連結ベース）は、次のとおりです（「産業別財務データハンドブック2018年版」より算定）。

全産業：4.25％、非製造業：3.60％

　これより、分析対象会社の2017（平成29）年度の総資本（純）利益率（連結ベース）7.02％は、全産業及び非製造業の平均値より高い比率を示しています。しかしながら、この比率の良し悪しを正確に判定するためには、分析対象会社が属する業種（情報サービス業）の平均値と比較してみることが必要です。

（2）（使用）総資本事業利益率

$$（使用）総資本事業利益率（\%）＝\frac{営業利益＋受取利息・配当金}{（使用）総資本（期首・期末平均）}×100$$

【（使用）総資本事業利益率とは】

　これは分母の総資本に対応する分子の利益として「事業利益」、つまり、営業活動の成果としての営業利益に財務活動の成果としての受取利息・配当金を加えた金額を用いる指標です。

　総資本（純）利益率は収益性判定の最もポピュラーな指標の一つです。しかし、その分母はすべての資本拠出者から拠出された資本をなすのに対して、分子は株主資本拠出者に帰属する純利益のみを示している点で、適切な対応に欠けています。この問題点に対処するために、分子の利益として純利益に

代えて事業利益を導入したのが（使用）総資本事業利益率です。

【実例への適用】

　前掲の図表1-4と図表1-5に基づき、分析対象会社の（使用）総資本事業利益率を求めると、次のとおりとなります。

2016（平成28）年度：（使用）総資本事業利益率
（連結ベース）

$$=\frac{\text{営業利益＋受取利息・配当金}}{\text{（使用）総資本（期首・期末平均）}}\times100$$

$$=\frac{21,540+409}{(175,696^*+200,811)\div2}\times100$$

$$=\frac{21,540+409}{188,254}\times100=11.66\%$$

2017（平成29）年度：（使用）総資本事業利益率
（連結ベース）

$$=\frac{\text{営業利益＋受取利息・配当金}}{\text{（使用）総資本（期首・期末平均）}}\times100$$

$$=\frac{22,671+629}{(200,811^*+224,349)\div2}\times100$$

$$=\frac{22,671+629}{212,580}\times100=10.96\%$$

＊2015（平成27）年度末の総資本　200,811百万円

　（使用）総資本事業利益率の推移を、全産業と情報サービス業の平均で示したものが、図表1-26です。前掲で求められた2017（平成29）年度の（使用）総資本事業利益率は、2017（平成29）年度連結ベースでの全産業（6.0%）及び情報サービス業（6.3%）と比較すると、全産業平均及び情報

61

図表 1 -26 （使用）総資本事業利益率の推移（連結ベース）

(%)

年度 区分	2008 (平成20)	2009 (平成21)	2010 (平成22)	2011 (平成23)	2012 (平成24)	2013 (平成25)	2014 (平成26)	2015 (平成27)	2016 (平成28)	2017 (平成29)
全 産 業	3.9	3.8	5.4	4.5	4.5	5.5	5.4	5.6	5.6	6.0
情報サービス業	8.1	8.6	8.6	9.1	9.4	8.2	7.5	7.0	6.9	6.3

（資料）「産業別財務データハンドブック2018年版」

サービス業平均より高い値を示しているといえます。

（3） 自己資本利益率

$$自己資本利益率（\%）＝\frac{当期純利益}{自己資本（期首・期末平均）}×100$$

【自己資本利益率の意味】

　自己資本利益率（リターン・オン・エクィティ：ROE）とは、株主が拠出した自己資本を用いて企業が株主のためにどれほどの利益を上げたかを示す指標です。

　ROA が自己資本と借入資本（他人資本）を合わせて総資本に対する収益性を問うのに対し、ROE は特に株主の観点から企業の収益性を把握しようとする点に特徴があります。この場合、分子の当期純利益は、他人資本を控除した後の金額であり、分母の株主持分に帰属する額を示すという意味では、分母と分子とは適切に対応するといえます。

　当期純利益としては、税引後純利益と税引前純利益のいずれも用いられます。株主への配当財源としての当期純利益の分析に焦点が置かれる場合、明らかに税引後純利益が好ましいといえます。それに対して、企業の経済活動の遂行における経営効率の分析に焦点が置かれる場合、税額によって純利益の数値が影響されることのない税引前純利益が望ましいようです。前述のと

図表1-27 自己資本利益率の推移（連結ベース）

(%)

年度／区分	2008 (平成20)	2009 (平成21)	2010 (平成22)	2011 (平成23)	2012 (平成24)	2013 (平成25)	2014 (平成26)	2015 (平成27)	2016 (平成28)	2017 (平成29)
全 産 業	0.8	3.6	6.3	4.5	5.2	8.5	8.2	7.6	8.6	10.6
製 造 業	-1.8	2.4	6.6	3.9	4.8	8.5	8.3	7.5	7.9	10.9
非 製 造 業	5.0	5.4	5.8	5.4	5.9	8.4	8.0	7.6	9.5	10.2
情報サービス業	1.9	8.9	10.2	9.5	11.6	11.3	11.2	11.7	11.1	11.8

（資料）「産業別財務データハンドブック2018年版」

おり、本章における企業分析では、日本政策投資銀行による統計データとの比較を行う便宜上、税引後純利益を用いています。

　なお、我が国の全産業、製造業及び非製造業について、過去10年間のROEの推移を示したのが、図表1-27です。

【自己資本利益率の分析】

　一般に、ROEの高い企業は収益力の高い企業といえます。ROEが低い場合、まずその原因を究明しなければなりません。この場合、ROEを二つの構成要素に分解することから始めてください。一つは「ROA」であり、もう一つは「財務レバレッジ」です。

　財務レバレッジとは、本来、総資本のなかに占める負債の割合、ないし負債への依存度をいいますが、自己資本サイドからは、株主が投資した資金によって企業がどれほどの資産を活用したかを表しています。そこで、次のような関係が成り立ちます。

$$ROE = ROA \times 財務レバレッジ$$
$$= \frac{当期純利益}{総資本} \times \frac{総資本}{自己資本}$$

図表1-28　自己資本利益率の分析（連結ベース）

	ROE	ROA	財務レバレッジ
卸 売 業	10.55%	3.62%	2.92
医薬品業	9.3%	6.1%	1.51

（資料）「産業別財務データハンドブック2018年版」に基づき算定

　これより、資本構成が一定であれば、ROAが高くなるほどROEも高くなります。しかし、総資本のなかの負債の割合が高い場合、すなわち、自己資本の割合が低い場合、レバレッジ（テコ）の作用によって、ROAが低いにもかかわらず、ROEが高くなることがあります。

　このことを実証するために、2017（平成29）年度の卸売業と医薬品業の統計データ（連結ベース）を示すのが、図表1-28です。

　2017（平成29）年度の統計で、ROAでは医薬品業は卸売業の約1.68倍である一方で、ROEでは医薬品業は卸売業の0.88倍となり、両者の差が小さくなっています。これは、卸売業の負債比率は高いのに対し、医薬品業の負債比率は低く、卸売業の場合、財務レバレッジが大きく作用したことによるものと考えられます。

【実例への適用】

　前掲の図表1-4と図表1-5に基づき、分析対象会社のROEを求めると、次のとおりとなります。

2016（平成28）年度：自己資本利益率＝当期純利益÷自己資本（期首・期末平均）

（連結ベース）

$$= \frac{13,964}{(100,722^* + 121,053) \div 2} \times 100$$

$$= \frac{13,964}{110,888} = 12.59\%$$

2017（平成29）年度：自己資本利益率＝当期純利益÷自己資本（期首・期末平均）

（連結ベース）

$$= \frac{14,933}{(121,053 + 136,473) \div 2} \times 100$$

$$= \frac{14,933}{128,763} \times 100 = 11.600\%$$

＊2015（平成27）年度末の自己資本　100,722百万円

　上で求められた2017（平成29）年度の自己資本利益率は、前掲の図表1 -27における2017（平成29）年度の統計データと比較してみると、全産業の平均値（10.6％）を上回り、情報サービス業の平均値（11.8％）を下回っています。したがって、当該会社は、全産業との比較においては収益性は高いが、情報サービス業との比較においては収益性は低いといえます。

（4） 資本金（純）利益率

$$\text{資本金（純）利益率（\%）} = \frac{\text{当期純利益}}{\text{資本金（期首・期末平均）}} \times 100$$

【資本金（純）利益率の意味】

　資本金（純）利益率は、当期純利益と資本金との割合を示し、どの程度の割合の配当ができるかという配当の可能範囲を大まかに示すものです。そのためには、分母の資本金は、期中平均の払込資本金よりも期末資本金の方が

適切でしょう。また、分子の当期純利益も、税引後純利益が適切といえます。

　通常、資本金（純）利益率は高ければ高いほど良いとされます。一般に、企業規模が大きくなれば、資本金（純）利益率は低下する傾向にあります。また、自己資本（純）利益率を一定としても、資本金の割合が高い企業ほど、逆にいえば、内部留保（剰余金）の割合が低い企業ほど、資本金（純）利益率は低くなります。

　資本金（純）利益率は、株式投資に関連した収益力指標をなし、株価収益率などの株式投資の指標とも密接に関係します。

【株価収益率との関係】

　株価収益率は、次の式で計算されます。

$$株価収益率 = \frac{株価}{1株当たりの利益}$$

　株価収益率は「株価÷1株当たりの利益」で示されますので、ある会社の株が相対的に割安か割高かを判定するのによく用いられます。分子の株価は将来の予想利益を反映するのに対し、分母の1株当たりの利益は公表された過去の利益に基づく点に留意してください。

　株価収益率を一定とすれば、1株当たり利益が大きくなるほど株価は上昇します。また、一般に1株当たり利益が高い会社は、資本金利益率も高いといえます。したがって、理論的には、資本金利益率が高ければ、その会社の株価水準は高く、資本金利益率が低ければ、株価水準も低いことになります。

【実例への適用】

　前掲の図表1-4と図表1-5に基づき、分析対象会社の資本金（純）利益率を求めると、次のとおりとなります。

2016（平成28）年度：資本金(純)利益率＝当期純利益÷資本金（期首・期末平均）
（連結ベース）

$$=\frac{13{,}964}{(12{,}952^* + 12{,}952) \div 2} \times 100$$

$$=\frac{13{,}964}{12{,}952} = 107.81\%$$

2017（平成29）年度：資本金(純)利益率＝当期純利益÷資本金（期首・期末平均）
（連結ベース）

$$=\frac{14{,}933}{(12{,}952 + 12{,}952) \div 2} \times 100$$

$$=115.29\%$$

＊2015（平成27）年度末の資本金　12,952百万円

なお、我が国の全産業、製造業及び非製造業について、2017（平成29）年度の資本金（純）利益率を示したのが、図表1-29です。

図表1-29　我が国産業の資本金（純）利益率（連結ベース）

(%)

区分＼年度	2017 （平成29）
全 産 業	88.79
製 造 業	100.76
非 製 造 業	75.04

（資料）「産業別財務データハンドブック2018年版」に基づき算定

【１株当たり利益との関係】

$$1株当たりの利益 = \frac{当期（純）利益}{発行株式総数}$$

この式から明らかなように、１株当たり利益は、１株という物量単位に帰属する利益を表すのに対して、資本金（純）利益率は、資本金という貨幣単位に対する利益を表します。物量単位か貨幣単位かという側面は異なりますが、共に同型の収益率指標をなします。

（５）　資本経常利益率

これまでは、分子に主に当期（純）利益をとり、分母に異なった金額を当てはめることによって、様々な指標を計算してみました。資本経常利益率は、分子に当期（純）利益の代わりに経常利益を用いるものであり、分母にどのような資本をとるかによって、次のような利益率を求めることができます。

$$総資本経常利益率（\%） = \frac{経常利益}{総資本（期首・期末平均）} \times 100$$

$$自己資本経常利益率（\%） = \frac{経常利益}{自己資本（期首・期末平均）} \times 100$$

$$資本金経常利益率（\%） = \frac{経常利益}{資本金（期首・期末平均）} \times 100$$

【実例への適用】

前掲の図表１-４と図表１-５に基づき分析対象会社について各種の資本経常利益率を求めると、次のとおりとなります。

	2016（平成28）年度	2017（平成29）年度
総資本経常利益率 （連結ベース）	$=\dfrac{経常利益}{総資本（期首・期末平均）}\times100$	$=\dfrac{経常利益}{総資本（期首・期末平均）}\times100$
	$=\dfrac{22,117}{(175,696^{*1}+200,811)\div2}\times100$	$=\dfrac{23,106}{(200,811+224,349)\div2}\times100$
	$=11.75\%$	$=10.87\%$
自己資本経常利益率 （連結ベース）	$=\dfrac{経常利益}{自己資本（期首・期末平均）}\times100$	$=\dfrac{経常利益}{自己資本（期首・期末平均）}\times100$
	$=\dfrac{22,117}{(100,722^{*2}+121,053)\div2}\times100$	$=\dfrac{23,106}{(121,053+136,473)\div2}\times100$
	$=19.95\%$	$=17.94\%$
資本金経常利益率 （連結ベース）	$=\dfrac{経常利益}{資本金（期首・期末平均）}\times100$	$=\dfrac{経常利益}{資本金（期首・期末平均）}\times100$
	$=\dfrac{22,117}{(12,952^{*3}+12,952)\div2}\times100$	$=\dfrac{23,106}{(12,952+12,952)\div2}\times100$
	$=170.76\%$	$=178.40\%$

＊1　2015（平成27）年度末の総資本　175,696百万円

＊2　2015（平成27）年度末の自己資本　100,722百万円

＊3　2015（平成27）年度末の資本金　12,952百万円

　前述の比率は、図表1-30の全産業や非製造業の平均値と比較して、その良否を判断しなければなりません。その結果、2017（平成29）年度の同社の総資本経常利益率は、全産業や非製造業の平均値を上回る値を示しています。

図表 1-30　我が国産業の資本経常利益率（連結ベース）

(%)

資本利益率	年度 / 区分	2017 (平成29)
総資本経常利益率	全　産　業	6.00
	非 製 造 業	5.38
自己資本経常利益率	全　産　業	14.97
	非 製 造 業	15.25
資本金経常利益率	全　産　業	125.18
	非 製 造 業	112.29

（資料）「産業別財務データハンドブック2018年版」に基づき算定

7-3 売上高利益率

　売上高に対して、どれほどの利益を上げることができたかを示すものであり、一般に、次の算式で表されます。

$$売上高利益率（\%）＝\frac{利　益}{売上高}×100$$

　この場合、分子の利益にどのような利益をとるかにより、各種の売上高利益率が算定されます。このような利益として、純利益、総利益、営業利益及び経常利益が用いられます。

　前掲の図表1-16は、これらの利益がどのようなものであるかを要約的に示したものです。（⇒詳しくは本章「3　損益計算書の仕組みと読み方」参照）

（1）　売上高（純）利益率

$$売上高（純）利益率（\%）＝\frac{当期（純）利益}{（純）売上高}×100$$

　この利益率は、売上高100円に対する当期の正味の利益がどれほど得られたかを示しています。この比率は、好況期、不況期によって変動はあるものの、趨勢的には、おおむね横ばい状態にあるとされます。なお、分母の売上高として、総売上高から戻り高・値引き高等を控除した純売上高が用いられます。

【売上高（純）利益率の性質】

　それでは、売上高利益率は企業規模（例えば、売上高）に応じてどのように変化するでしょうか。これは業種によって異なります。

鉄道業	売上高 （百万円）	売上高利益率（%）（2017（平成29）年度連結ベース）			
		総利益率	営業利益率	経常利益率	当期純利益率
JC社	1,822,039	46.94	36.33	32.03	21.71
JW社	1,500,445	25.82	12.75	11.85	7.36
KT社	1,222,779	18.05	5.29	5.02	2.15

（資料）各社有価証券報告書に基づき算定

図表1-32　規模別売上高利益率のパターン（変則型のケース）

食品加工業	売上高 （百万円）	売上高利益率（%）（2017（平成29）年度単体ベース）			
		総利益率	営業利益率	経常利益率	当期純利益率
PH社	292,799	13.78	3.53	3.97	3.13
MS社	166,570	20.27	-0.92	0.25	0.45
FH社	26,040	18.57	0.69	0.84	0.79

（資料）　各社有価証券報告書に基づき算定

　図表1-31は、鉄道業3社について、売上高の違いによって売上高利益率がどのように影響されるかを表したものです。

　売上高規模の順位と売上高利益率の大きさの順位とは、連動する形で規則的となっていることが分かります。

　図表1-32は、食品加工業3社について、同様の統計データを表しています。

　売上高規模で圧倒的強さをもつPH社が売上高総利益率では第3位であり、売上高規模で第2位のMS社が売上高総利益率で第1位となっているなど、売上高規模と売上高利益率との関係では変則的な傾向が示されています。

図表1-33　食品加工業3社の対売上費用率（2017（平成29）年度・単体ベース）

(%)

食品加工業	売上原価率	売上高販売費・一般管理費率	利子負担率
FH社	81.43	17.88	0.25
PH社	86.22	10.25	0.01
MS社	79.73	21.19	0.03

（資料）各社有価証券報告書に基づき算定

【変則事例の原因分析】

　このような変則型が生じたのはなぜでしょうか。図表1-33は、この原因を解明するために作成したものです。この表から、次の3点が明らかです。

（1）　売上原価率ではPH社が最も高く、FH社がその次に高い一方で、MS社が最も低い。その結果、MS社の総利益率が最も高く、FH社やPH社の総利益率が低くなっています。

（2）　MS社の売上高販売費・一般管理費の割合が、他2社に比べて特に高い。そのことが同社の営業利益率の著しい低下をもたらしているといえます。

（3）　FH社は、MS社やPH社よりも利子負担率は高く、その財務体質が有利子借入金にかなりの程度依存しているといえます。

　このような売上高（純）利益率の分析階層モデルを示したのが、図表1-34です。

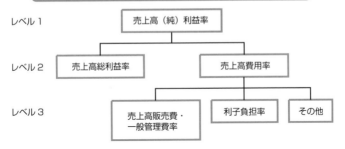

図表1-34　売上高（純）利益率の分析階層モデル

レベル1　　売上高（純）利益率

レベル2　　売上高総利益率　　売上高費用率

レベル3　　売上高販売費・一般管理費率　利子負担率　その他

【実例への適用】

　前掲の図表1-5に基づき、分析対象会社の売上高（純）利益率を求めると、次のとおりとなります。

2016（平成28）年度：売上高（純）利益率$=\dfrac{13,964}{232,473}\times100=6.01\%$
　　　　　　（連結ベース）

2017（平成29）年度：売上高（純）利益率$=\dfrac{14,933}{244,215}\times100=6.11\%$
　　　　　　（連結ベース）

　この会社の場合、2017（平成29）年度の売上高（純）利益率は、図表1-35の全産業の平均値よりも高いものとなっています。

図表1-35　我が国産業の売上高（純）利益率（連結ベース）

（%）

年度 区分	2017 （平成29）
全　産　業	5.39
非 製 造 業	4.87

（資料）「産業別財務データハンドブック2018年版」に基づき算定

（2） 売上高総利益率

$$売上高総利益率（\%）=\frac{売上総利益}{（純）売上高}\times100$$

売上高総利益率は、売上高に対する売上総利益（「粗利益」ともいいます。）の割合を示すものであり、企業の購買・製造活動の良否を示しています。この比率は、（1－売上原価率）として表すこともできます。

$$売上高総利益率（\%）=\frac{（純）売上高－売上原価}{（純）売上高}\times100$$
$$=\left(1-\frac{売上原価}{（純）売上高}\right)\times100$$
$$=（1－売上原価率）\times100$$

この算式から明らかなように、売上原価率が低下すれば、売上高総利益率は上昇することになります。したがって、購買管理や生産管理の優れている企業では、一般に売上原価率は相対的に低くなり、売上総利益率は高くなります。

そこで、期間比較に当たっては、売上高の増減と売上原価の増減原因を調べなければなりません。また、この比率は業種間格差が大きいので、業種平均や同業他社との比較が行われなければなりません。

【実例への適用】

前掲の図表1-5に基づき、分析対象会社の売上高総利益率を求めると、次のとおりとなります。

75

$$2016（平成28）年度：売上高総利益率 = \frac{232,473 - 186,013}{232,473} \times 100 = 19.99\%$$
（連結ベース）

$$2017（平成29）年度：売上高総利益率 = \frac{244,215 - 195,158}{244,215} \times 100 = 20.09\%$$
（連結ベース）

　この2017（平成29）年度の比率を我が国産業の平均比率と比較すると（⇒図表1-36参照）、全産業の平均値、また情報サービス業が属する非製造業の平均値をやや下回っていることが示されています。

（3）　売上高営業利益率

$$売上高営業利益率（\%） = \frac{営業利益}{（純）売上高} \times 100$$

　売上高営業利益率は、売上総利益から営業費（販売費・一般管理費）を差し引いた営業利益と売上高との比率を求めることによって、企業本来の営業活動による収益力を示すものです。

　この比率は、営業費が増加すれば減少し、営業費が減少すれば増加するという関係にあり、したがって、売上高営業利益率の増減原因を明らかにするためには、営業費に属する各費目の増減変化に注目しなければなりません。

図表1-36　我が国産業の売上高総利益率（連結ベース）

（％）

区分 ＼ 年度	2017（平成29）
全　産　業	25.25
非 製 造 業	23.90

（資料）「産業別財務データハンドブック2018年版」に基づき算定

【実例への適用】

前掲の図表 1-5 に基づき、分析対象会社の売上高営業利益率を求めると、次のとおりとなります。

2016（平成28）年度：売上高営業利益率＝$\dfrac{21,540}{232,473} \times 100 = 9.27\%$
（連結ベース）

2017（平成29）年度：売上高営業利益率＝$\dfrac{22,671}{244,215} \times 100 = 9.28\%$
（連結ベース）

この場合も、過去の利益率の趨勢とともに、全産業や当該会社が所属する業種の平均比率と比較することによって、当該会社の売上高営業利益率の良否を判定する必要があります。

（4） 売上高経常利益率

$$売上高経常利益率（\%）＝\frac{経常利益}{（純）売上高} \times 100$$

この比率は、経常的な操業活動の結果、売上高100円に対し経常利益がいくらであったかをパーセントで表したものです。

経常利益は、事業の本来の営業活動に関連して生じた利益（営業利益）に、金融財務活動といった付随的営業活動からの収益・費用（営業外収益・費用）を加減して得られる利益です。その意味では、売上高経常利益率は、企業の経常的な操業活動の収益力を最も適切に表現するものといえます。

【実例への適用】

前掲の図表 1-5 に基づき、分析対象会社の売上高経常利益率を求めると、次のとおりとなります。

$$2016（平成28）年度：売上高経常利益率＝\frac{22,117}{232,473}×100＝9.51\%$$
（連結ベース）

$$2017（平成29）年度：売上高経常利益率＝\frac{23,106}{244,215}×100＝9.46\%$$
（連結ベース）

　同様に、この比率は、我が国産業の平均値と比較して、その良否が問われなければなりません。（⇒図表1-37参照）

図表1-37　我が国産業の売上高経常利益率（連結ベース）

（%）

区分＼年度	2017 （平成29）
全　産　業	7.60
非 製 造 業	7.29

（資料）「産業別財務データハンドブック2018年版」に基づき算定

8
安全性分析

ポイント！！

●安全性分析が、大きく「流動性分析」と「財務健全性分析」の二つの側面からなることを理解しましょう。

●流動性分析は、企業の「支払能力」の程度を示すものであり、具体的指標としての流動比率、当座比率の意味と計算を学習しましょう。

●財務健全性分析には、「資金源泉と使途との適合性分析」と「資本構造の健全性分析」とが含まれ、前者の尺度としての固定比率、固定長期適合率、また、後者の尺度としての負債比率、自己資本比率の意味と計算を学習しましょう。

8-1　安全性分析の意義と体系

　安全性分析とは、企業が長期的に事業を継続させていけるかどうかの判断指標を提供するものであり、企業の短期的な債務の弁済能力の分析、長期的な財務構造の安全性・健全性の分析を含みます。これは対象企業と直接債権債務関係にある債権者にとってはもとより、企業の信用格付けに関心をもつ専門アナリストや現在・将来の投資者にとっても極めて関心の高い分析資料をもたらします。

　安全性分析の中心となるのは貸借対照表です。貸借対照表は企業の財政状態、つまり、「資産・負債・資本の釣合いの関係」を表示するものですが、具体的には、図表1-38に示されるように、次の三つの側面から取り扱うことができます。

　（1）　上部サイドの「流動資産─流動負債」の釣合いの関係は、企業の短期の支払能力（流動性）の程度を示します。

　（2）　下部サイドの「固定資産─自己資本」の釣合いの関係は、長期間固定化される資金を期限のない資金（自己資本）でどの程度賄っているかを示します。

　（2）　右サイドの「負債合計─自己資本」と「総資本─自己資本」の二つの関係は、総資本の構成内容として自己資本がどの程度の割合を占めているかを示します。

　これらのうち、（1）は、企業が資金繰りの観点から債務弁済能力を持っているかどうかを表し、（2）は、調達した資金がその使途との関連で適切に運用されているか否かを示しています。また、（3）は、資金の調達方法が資本構造全体の観点からみて適切であるかどうかを示すものです。

　このような企業の安全性に係る三つの側面、（1）流動性（企業の短期的支払能力）、（2）資金の源泉と使途との適合性、及び（3）資本構造の健全性のうち、特に後者の二つをまとめて財務健全性として要約するならば、安全性分析は大きく「流動性分析」と「財務健全性分析」から成り立っています。

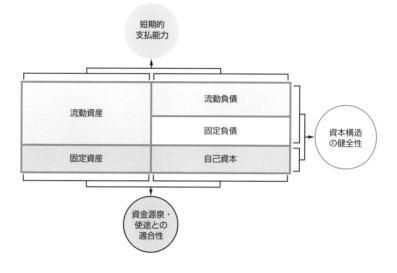

図表1-38　安全性分析の三つの視点

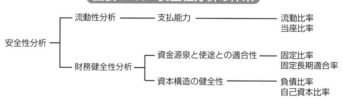

図表1-39　安全性分析の体系

　それぞれの分析のための具体的財務比率を付して、安全性分析の体系を一覧表示したのが、図表1-39です。

8-2　流動性分析

（1）　流動比率

$$流動比率（\%）=\frac{流動資産}{流動負債}\times100$$

【流動比率の意味】

　流動比率は、1年以内に返済しなければならない流動負債を、現預金や短期有価証券などの流動資産でどれだけ賄えるかをみようとするものであり、企業の短期の返済能力を判定するのに最もポピュラーに利用されている比率です。この比率は高い方が良いとされます。理想的には200%以上あることが望ましいとされ、「2対1の原則」ともいわれています。

　この比率が100%未満であるということは、1年以内に支払うべき負債の方が多いことを意味しますので、一般的には好ましくありません。しかしながら、流動資産の金額が他の業種と比べ著しく小さい電力や鉄道などの業界では、ほとんどの企業の流動比率は、100%を大きく下回っています。

【実例への適用】

　前掲の図表1-4に基づき、分析対象会社の流動比率を求めると、次のとおりとなります。

2016（平成28）年度：流動比率$=\dfrac{136,493}{53,198}\times100=256.58\%$
（連結ベース）

2017（平成29）年度：流動比率$=\dfrac{148,757}{60,109}\times100=247.48\%$
（連結ベース）

82

図表1-40 我が国産業の流動比率の推移（連結ベース）

(%)

年度 / 区分	2008 (平成20)	2009 (平成21)	2010 (平成22)	2011 (平成23)	2012 (平成24)	2013 (平成25)	2014 (平成26)	2015 (平成27)	2016 (平成28)	2017 (平成29)
全産業	128.4	135.9	138.1	136.9	138.3	141.9	144.7	144.9	145.6	146.1
情報サービス業	152.9	149.8	147.9	161.7	151.3	140.1	140.4	138.6	129.6	120.2

（資料）「産業別財務データハンドブック2018年版」

図表1-41 我が国産業の流動比率の業種間比較（連結ベース）

(%)

年度 / 区分	2008 (平成20)	2009 (平成21)	2010 (平成22)	2011 (平成23)	2012 (平成24)	2013 (平成25)	2014 (平成26)	2015 (平成27)	2016 (平成28)	2017 (平成29)
医薬品	272.4	294.8	308.6	258.9	279.5	271.8	249.9	267.4	226.4	266.6
電子機器部品	274.8	270.0	232.5	236.6	258.0	288.4	293.6	295.0	295.5	261.7
小売業	101.9	104.9	105.4	105.7	107.5	110.9	112.7	116.6	119.2	122.9
ガス	109.4	114.2	124.4	135.6	132.6	139.3	149.2	143.2	147.9	133.3

（資料）「産業別財務データハンドブック2018年版」

　この比率の良否を判定するために、我が国全産業の平均値及び業種平均値と比較する目的で、図表1-40を掲げておきます。

【流動比率の良否判断】

　分析対象会社の2017（平成29）年度の流動比率は、全産業の平均値146.1%（2017（平成29）年度）及び業種平均値120.2%（2017（平成29）年度）を大きく上回っています。

　我が国企業のうち、医薬品や電子機器部品などの業種では流動比率が200%を上回るのに対して、小売業やガス業では100%前後の傾向にあります。このような業種間にみられる流動比率の格差を明らかにするために掲記したのが、図表1-41です。

（2） 当座比率

$$当座比率（\%）＝\frac{当座資産}{流動負債}×100$$

【当座比率の意味】

　流動資産のうち、特に短期間に現金化される当座資産に注目し、当座資産による流動負債の返済能力をみようとするのが「当座比率」です。流動比率の計算では、分子に流動資産がとられており、このなかには商品・製品、半製品及び仕掛品等のたな卸資産項目が含まれています。これら諸資産は販売活動を通じてのみ現金化され得るものですので、流動負債の支払財源としては即金性に欠けます。そこで、即金性の高い当座資産を分子にとり、より短期の流動性を表現しようとしたのが、この当座比率です。

　当座資産とは、①支払手段（現金、預金）、②営業金銭債権（受取手形、売掛金）、③一時所有の有価証券、④営業外金銭債権（短期貸付金、未収金、預け金）等をいいます。これらは現金・預金等の支払手段以外に、短期間に現金化され得る準現金項目ですので、１年以内に期限の到来する流動負債の返済財源として、極めて有効なものになります。

　当座比率は、一般に100％以上が望ましいとされています。図表１-42は、

図表１-42　我が国産業の当座比率（連結ベース）

(％)

区分 ＼ 年度	2017 （平成29）
全　産　業	96.72
製　造　業	104.49
非 製 造 業	87.32

（資料）「産業別財務データハンドブック2018年版」に基づき算定

我が国産業の平均値を示したものです。

【実例への適用】

　前掲の図表1−4に基づき、分析対象会社について当座比率を求めてみましょう。

　まず、分析対象の2年間の当座資産の金額を算定しなければなりません。

2016（平成28）年度：現金・預金2,857＋預け金43,103＋受取手形・売
　　　　　　　　　　掛金51,187＋有価証券0−貸倒引当金22＝当座資
　　　　　　　　　　産97,125

2017（平成29）年度：現金・預金3,198＋預け金43,691＋受取手形・売
　　　　　　　　　　掛金56,876＋有価証券2,000−貸倒引当金23＝当
　　　　　　　　　　座資産105,742

これを用いて、当座比率は次のように計算されます。

2016（平成28）年度：　当座比率（連結ベース）$= \dfrac{97,125}{53,198} \times 100 = 182.57\%$

2017（平成29）年度：　当座比率（連結ベース）$= \dfrac{105,742}{60,109} \times 100 = 175.92\%$

　その結果、分析対象会社の当座比率175.92％（2017（平成29）年度）は、全産業、製造業、非製造業のいずれの平均値（2017（平成29）年度）も大きく上回っており、分析対象企業の短期的な支払能力は極めて良好であるといえます。

8-3 財務健全性分析

(1) 固定比率

$$固定比率（\%）= \frac{固定資産}{自己資本} \times 100$$

【固定比率の意味】

固定比率とは、固定資産に投資した金額と自己資本の額との関係を示すものです。分子の固定資産は、1年以上の長期にわたって使用される資産ですので、返済期限のない安定した自己資本でもって賄うことが、財務的安定性という点で最も望ましいと考えられます。

その意味では、この比率は100%以下であることが理想的ですが、図表1-43に示したように、我が国の企業の平均値は100%を大きく超えるものとなっています。特に、2017（平成29）年度において鉄道（244.8%）、総合商社（177.9%）、航空運輸（183.2%）など大きな固定資産を抱える業種では固定比率が著しく高くなっています。その反面、計器（52.5%）や電子機器部品（67.6%）ではこの比率が低く、業種間で大きな差が認められます。

図表1-43　固定比率の推移（連結ベース）

（%）

区分＼年度	2008 (平成20)	2009 (平成21)	2010 (平成22)	2011 (平成23)	2012 (平成24)	2013 (平成25)	2014 (平成26)	2015 (平成27)	2016 (平成28)	2017 (平成29)
全産業	165.1	160.0	156.1	157.1	154.8	151.5	147.4	146.9	144.5	140.0
情報サービス業	97.2	89.8	90.5	80.1	78.6	88.0	93.0	95.0	101.9	112.4

（資料）「産業別財務データハンドブック2018年版」

【実例への適用】

前掲の図表1‐4に基づき、分析対象会社の固定比率を求めると、次のとおりとなります。

2016（平成28）年度：$\dfrac{\text{固定比率}}{（連結ベース）}=\dfrac{64,317}{121,053}\times100=53.13\%$

2017（平成29）年度：$\dfrac{\text{固定比率}}{（連結ベース）}=\dfrac{75,592}{136,473}\times100=55.39\%$

分析対象会社の固定比率55.39%（2017（平成29）年度）は、全産業の平均値（2017（平成29）年度）及び情報サービス業の平均値（2017（平成29）年度）を大きく下回っており、分析対象会社は財務的に安定していると判断できます。

（2） 固定長期適合率

$$固定長期適合率（\%）=\frac{固定資産}{自己資本＋非支配株主持分＋固定負債}\times100$$

【固定長期適合率の意味】

固定長期適合率とは、固定資産に投資した金額と長期性資本（自己資本＋非支配株主持分＋固定負債）の額との関係を示すものです。前述の固定比率は、分子の固定資産に対して返済期限のない自己資本でもってどの程度賄うことができるかを示すものでしたが、固定資産が長期間にわたって使用される資産であることから、それに対応する資金として自己資本に非支配株主持分と固定負債を加えた長期性資本を用いることは妥当です。

先にみたように、我が国の企業は設備等の固定資産投資のための資金を銀行等からの借入資金や社債等の長期借入金によって賄ってきたため、固定比

87

率は100％を大きく超えるものとなりました。したがって、非支配株主持分と固定負債をも考慮した固定長期適合性は、固定比率よりも我が国の実情に即した財務健全性の数値を反映すると考えられます。

　固定長期適合率も100％以下が望ましく、その数値は低いほど良いとされます。この比率が100％であるとすれば、その場合の貸借対照表の構成において、次の関係が成り立つはずです。

> 固定資産＝自己資本＋非支配株主持分＋固定負債

　したがって、この場合、「流動資産＝流動負債」の関係が存在します。つまり、流動比率100％であるときには、固定長期適合率も100％ということになり、二つの比率には密接な関係が認められます。

【非支配株主持分の取扱い】

　連結貸借対照表を用いて企業分析を行うとき、特に非支配株主持分の取扱いに注意しなければなりません。非支配株主持分とは、前述の連結財務諸表の説明の箇所で触れたように、子会社の資本のうち親会社に帰属しない部分をいいます。例えば、子会社の資本の部が100であり、うち60％が親会社の持分であり、残りの40％が親会社以外の株主の持分であるとすれば、親会社以外の持分40が非支配株主持分です。我が国では、親会社の株主を会計主体とみる「親会社理論」の立場から、非支配株主持分は、株主資本（自己資本）には含めず、株主資本以外の純資産項目として表示するものとしているため、非支配株主持分は固定比率の計算には含めませんが、固定長期適合率の計算では、その計算の目的を踏まえて自己資本と固定負債に準じた項目として計算に含めることにしました。

　図表1−44は、比較分析の目安として、我が国産業の平均値を示したものです。

図表１-44　我が国産業の固定長期適合率（連結ベース）

(%)

区分＼年度	2017 （平成29）
全　産　業	80.66
製　造　業	74.65
非 製 造 業	87.38

（資料）「産業別財務データハンドブック2018年版」に基づき算定

【実例への適用】

　前掲の図表１-4に基づき、分析対象会社の固定長期適合率を算定すると、次のとおりとなります。

2016（平成28）年度：

$$\text{固定長期適合率}（連結ベース）=\frac{64,317}{121,053+4,671+21,887}\times 100 = 43.57\%$$

2017（平成29）年度：

$$\text{固定長期適合率}（連結ベース）=\frac{75,592}{136,473+5,055+22,711}\times 100 = 46.03\%$$

　分析対象会社の固定長期適合率46.03％（2017（平成29）年度）は100％以下であり、全産業及び非製造業の平均値（2017（平成29）年度）よりも低いので、分析対象会社の財務健全性は良好であると判定できます。

（3）　負債比率

$$\text{負債比率（％）}=\frac{負\quad債}{自己資本}\times 100=\frac{流動負債＋固定負債}{自己資本}\times 100$$

（%）

年度 区分	2008 （平成20）	2009 （平成21）	2010 （平成22）	2011 （平成23）	2012 （平成24）	2013 （平成25）	2014 （平成26）	2015 （平成27）	2016 （平成28）	2017 （平成29）
全 産 業	176.9	167.8	165.8	170.5	164.7	158.5	150.1	149.9	145.8	139.7
情報サービス業	122.3	128.3	131.8	125.2	127.0	148.5	144.4	143.7	147.8	180.0

（資料）「産業別財務データハンドブック2018年版」

図表1-46　負債比率の業種間比較（連結ベース）

（%）

年度 高い業種	2016 （平成28）	2017 （平成29）	年度 低い業種	2016 （平成28）	2017 （平成29）
総 合 商 社	223.9	204.3	医 薬 品	54.9	52.2
航 空 運 輸	151.3	158.0	電子機器部品	46.9	50.3
総 合 建 設	223.9	196.5	印 刷	73.0	72.1

（資料）「産業別財務データハンドブック2018年版」

【負債比率の意味】

　自己資本に対する有利子負債の割合を示すものです。自己資本は返済期限のない資本ですので、この比率が小さいほど、自己資本が充実し、それだけ債権担保力が保全されていることになります。それゆえ、負債比率は100%以下であることが望ましく、低ければ低いほど、財務の安全性は高いとされます。

　図表1-45は、我が国産業の平均値を示したものです。また、図表1-46に示されるように、この比率は業種間で大きな差異が認められますので、分析に当たっては、業種の特殊性も十分に考慮しなければなりません。

【実例への適用】

　前掲の図表1-4に基づき、分析対象会社の負債比率を求めると、次のとおりとなります。

$$2016（平成28）年度： \frac{負債比率}{（連結ベース）} = \frac{53,198+21,887}{121,053} \times 100 = 62.03\%$$

$$2017（平成29）年度： \frac{負債比率}{（連結ベース）} = \frac{60,109+22,711}{136,473} \times 100 = 60.69\%$$

　分析対象会社の負債比率60.69%（2017（平成29）年度）は、100%基準からすれば、好ましい数値を示しており、情報サービス業の平均値180.0%（2017（平成29）年度）と比較しても健全な数値を示しているといえます。

8-4　自己資本比率

$$自己資本比率（\%）=\frac{自己資本}{総資本}\times 100$$

$$=\frac{自己資本}{自己資本＋新株予約権＋非支配株主持分＋負債}\times 100$$

【自己資本比率の意味】

　自己資本比率は、総資本、つまり、負債（他人資本）と自己資本との合計に占める自己資本の割合を示すものであり、企業の安全性を判定するうえで最も基本的な指標の一つです。自己資本は返済期限のない資本ですので、この比率が高ければ高いほど企業財務は安定しており、財務内容の良い会社といえます。

　我が国では、戦後の高度経済成長に伴い、設備等の投資資金として借入資本に依存してきた結果、自己資本比率の漸次低下傾向がみられました。この背景には、戦後の日本型金融体制があり、融資系列を通じて借入資本に頼ることが比較的容易であったという事情が考えられます。しかし、その後、1973（昭和48）年度の第一次石油危機以後、安定成長経済に入るとともに、自己資本比率の漸増傾向をたどってきています。

　図表 1-47は、過去10年間における我が国産業の平均値を示したものです。

【自己資本比率の見方】

　自己資本比率の高い企業とは、一般に、不況に対する抵抗力が強く、長期的観点から健全な発展が期待できる企業といえます。

　自己資本比率の高い企業は、この比率が低い企業よりも確定利子の支払負担が軽いため、不況時に営業収益が伸び悩んでいるときにも、企業収益に対

(%)

年度 区分	2008 (平成20)	2009 (平成21)	2010 (平成22)	2011 (平成23)	2012 (平成24)	2013 (平成25)	2014 (平成26)	2015 (平成27)	2016 (平成28)	2017 (平成29)
全 産 業	34.2	36.4	36.7	36.1	36.8	37.7	38.9	38.9	39.5	40.5
製 造 業	38.1	39.8	40.4	39.7	40.5	41.9	43.1	43.0	43.4	45.0
非 製 造 業	29.6	32.3	32.5	31.8	32.7	32.8	33.9	34.2	35.1	35.5
情報サービス業	44.3	43.2	42.7	44.0	43.6	39.8	40.5	40.4	39.8	35.2

（資料）「産業別財務データハンドブック2018年版」に基づき算定。
（注）　新株予約権比率のデータがないため、「自己資本比率＝純資産比率－非支配株主持分比率」として概算している。

図表１-48　倉庫業３社の自己資本の構成（連結：2017（平成29）年度）

(%)

	ST社	MB社	YD社
資本金・資本剰余金	8.88	9.06	5.32
利 益 剰 余 金	29.00	40.73	25.89
そ の 他	16.19	13.20	23.66
合計（自己資本比率）	54.06	62.99	54.87

（資料）各社有価証券報告書に基づき算定

する金融利息の圧迫は軽くなります。そのため、自己資本比率が高い企業は、一般に不況に対する抵抗力が強いと考えられます。逆に、自己資本比率が低い場合、有利子負債の利子負担が増すことになり、研究開発や海外投資などリスクの高いビジネス機会に制約を課すことにもなります。これは、企業の長期的発展可能性を阻害する要因にもなります。

　また、自己資本比率の高い企業は、一般に、自己資本内部の構成において利益の内部蓄積（留保利益）の占める割合が大きな企業でもあります。図表１-48は、自己資本比率の高い倉庫業３社の自己資本内部の構成を示したものです。そこでは、利益剰余金（利益準備金、その他利益剰余金）が自己資本内部で大きな割合を占めている点に注目してください。

このように、自己資本比率の高い企業は内部留保の割合が高い企業であり、長期的観点から企業の健全な発展可能性を秘めた企業であるということもできます。

【実例への適用】

前掲の図表1-4に基づき、分析対象会社の自己資本比率を求めると、次のとおりとなります。

$$2016（平成28）年度：\begin{array}{c}自己資本比率\\（連結ベース）\end{array}=\frac{121,053}{200,811}×100=60.28\%$$

$$2017（平成29）年度：\begin{array}{c}自己資本比率\\（連結ベース）\end{array}=\frac{136,473}{224,349}×100=60.83\%$$

分析対象会社の自己資本比率60.83%（2017（平成29）年度）は、全産業、非製造業及び情報サービス業の平均値（2017（平成29）年度）を上回っており、分析対象企業の企業財務は安定しているといえます。

9
資本効率性・損益分岐点分析

ポイント！！

●資本効率性分析とは、投資を行った資本（資産）がどれほど効率よく運用されているかを判定するものであり、回転率や回転期間を用いて表現されることを学習しましょう。

●資本の回転率による資本効率性分析の具体的手法としての総資本回転率、経営資本回転率、自己資本回転率及びたな卸資産回転率の意味と計算を学習しましょう。

●損益分岐点とは、売上高と費用とが均衡し、損益がゼロとなるときの売上高をいい、このような売上高、費用、利益相互間の分析に用いられる損益分岐点分析の意味と計算を学習しましょう。

9-1 資本効率性分析の意義と体系

　資本効率性分析とは、資本（資産）がどれほど効率よく運用されているかを判定しようとするものであり、投資を行った資本（資産）の活動状況を把握し、評価しようとするものです。

　資本効率性分析は、一般に「回転率」によって表現されます。回転率とは、一般に分子に年間の売上高をとり、分母に対象となる資本ないし資産等の平均有高（あるいは簡便的に期末有高）をとって算定されます。ここで、分母に総資産をとったのが総資本回転率です。

　総資本とは、企業に投下された資本の総額を示すものであり、次の関係が成り立ちます。

> 総資産　　　　　＝総資本
> 各種の資産の合計＝各種の資本の合計

　そこで、総資本回転率は、資本の種別に応じて、次のような資本回転率が得られます。

---

① 経営資本回転率　　② 自己資本回転率

③ 資本金回転率　　　④ 他人資本回転率

⑤ 借入金回転率　　　⑥ 買掛債務回転率

　同様に、総資本回転率は、資産の種別に応じて、次のような各種の資産回転率に分解されます。

（イ） 固定資産回転率　　（ロ） 有形固定資産回転率
（ハ） 建物・設備回転率　　（ニ） たな卸資産回転率
（ホ） 商品・製品回転率　　（ヘ） 売掛債権回転率
（ト） 現金・預金回転率

図表1-49　資本効率性分析の体系

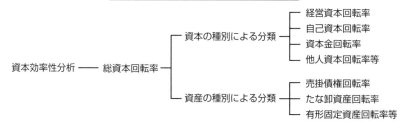

　これらのうち、主要な回転率のいくつかを例示する形で、資本効率性分析の体系を示したのが図表1-49です。

　資産の効率性はまた、回転期間を用いて表すこともできます。これは、回転率の逆数として計算され、資産又は資本が1回転するのに要する期間を示します。一般に、回転率が高く、回転期間が短いほど、資産効率は高いことになります。

（1）　総資本回転率

$$総資本回転率（回／年）＝\frac{（年間）売上高}{総資本（期首・期末平均）}$$

【総資本回転率の意味】

　総資本回転率とは、企業活動に投下された平均的な総資本有高が、売上高を通じて何回転するかを計ることによって、資本の効率的な利用度を把握す

るものです。これは、企業活動に投じられた総資本を対象とするものであり、経営活動の能率を判断するうえで最も重視される回転率です。

【実例への適用】

前掲の図表1-4と図表1-5に基づき、分析対象会社の総資本回転率を求めると、次のとおりとなります。

2016（平成28）年度：

$$\frac{総資本回転率}{（連結ベース）} = \frac{232,473}{(175,696^* + 200,811) \div 2} \times 100 = 1.23回／年$$

2017（平成29）年度：

$$\frac{総資本回転率}{（連結ベース）} = \frac{244,215}{(200,811 + 224,349) \div 2} \times 100 = 1.15回／年$$

＊2015（平成27）年度末の総資本　175,696百万円

前述の総資本回転率の良し悪しを判断するためには、全産業の平均値や非製造業の平均値と比較するとともに、同一業種（情報サービス業）の平均値とも比較してみなければなりません。図表1-50は、我が国における総資本回転率の産業平均値を示したものです。

その結果、分析対象会社の総資本回転率1.15回（2017（平成29）年度）は、全産業の平均値及び情報サービス業の平均値（2017（平成29）年度）を上回

図表1-50　我が国産業の総資本回転率の推移（連結ベース）

(%)

年度 区分	2008 (平成20)	2009 (平成21)	2010 (平成22)	2011 (平成23)	2012 (平成24)	2013 (平成25)	2014 (平成26)	2015 (平成27)	2016 (平成28)	2017 (平成29)
全　産　業	0.91	0.83	0.87	0.86	0.84	0.86	0.83	0.80	0.77	0.79
情報サービス業	0.96	0.87	0.82	0.80	0.82	0.76	0.70	0.69	0.67	0.64

（資料）「産業別財務データハンドブック2018年版」

ることが示されています。

【回転期間の計算式】

総資本回転期間は、総資本回転率の逆数として次のように表されます。

$$総資本回転期間（月）=\frac{総資本（期首・期末平均）}{（年間）売上高}\times12 \quad ……第1式$$

$$=\frac{総資本（期首・期末平均）}{売上高\div12} \quad ……第2式$$

第1式と第2式との違いは、第1式は年売上高で割って、12倍して何か月として示すのに対し、第2式は分母をあらかじめ月売上高に換算して計算する点にあります。

【実例への適用】

前掲の図表1‐4と図表1‐5に基づき、分析対象会社の2017（平成29）年度の総資本回転期間を前述の二つの方法で求めてみましょう。

第1式による場合…

$$\begin{matrix}総資本回転期間\\（連結ベース）\end{matrix}=\frac{(200,811＋224,349)\div2}{244,215}\times12=10.45月$$

第2式による場合…

$$\begin{matrix}総資本回転期間\\（連結ベース）\end{matrix}=\frac{(200,811＋224,349)\div2}{244,215\div12}=10.45月$$

これより、分析対象会社の総資本回転期間は10.45か月となります。

【総資本利益率と総資本回転率との関係】

　先に学習した総資本（純）利益率は、次に示すように、売上高（純）利益
率と総資本回転率との積に分解されます。（⇒詳しくは本章「7－2（1）
総資本（純）利益率」参照）

$$総資本（純）利益率＝売上高（純）利益率×総資本回転率$$

$$\frac{当期（純）利益}{総資本}＝\frac{当期（純）利益}{売上高}×\frac{売上高}{総資本}$$

　前述の式から明らかなように、総資本（純）利益率の良否は、売上高
（純）利益率と総資本回転率の二つの側面から分析されなければなりません。
　前掲の図表1－4と図表1－5に基づき、分析対象会社について当てはめて
みましょう。

2016（平成28）年度：

$$\begin{array}{l}総資本（純）利益率\\（連結ベース）\end{array}＝\frac{13,964}{(175,696^*＋200,811)÷2}×100＝7.42\%$$

$$＝\frac{13,964}{232,473}×100×\frac{232,473}{(175,696^*＋200,811)÷2}$$

$$＝6.01\%×1.23回$$

2017（平成29）年度：

$$\begin{array}{l}総資本（純）利益率\\（連結ベース）\end{array}＝\frac{14,933}{(200,811＋224,349)÷2}×100＝7.02\%$$

$$＝\frac{14,933}{244,215}×100×\frac{244,215}{(200,811＋224,349)÷2}$$

$$＝6.11\%×1.15回$$

　＊2015（平成27）年度末の総資本　175,696百万円

　これより、2017（平成29）年度において同社の総資本（純）利益率が7.42%から7.02%へと減少しているのは、売上高（純）利益率よりも総資本回転率の方に原因があることが推定されます。売上高（純）利益率を一定とした場合、総資本回転率を高めることによって、総資本（純）利益率を高めることができます。このことから、回転率は収益性を高めるのに大きな意味をもつことが明らかです。

（2）　経営資本回転率

$$経営資本回転率（回／年）=\frac{年間売上高}{経営資本（期首・期末平均）}$$

【経営資本回転率の意味】

　経営資本回転率は、実際の生産・販売活動に直接利用される資本総額の効率性を示す尺度です。

　経営資本とは、総資本のうち生産・販売活動のために直接利用される資本総額をいい、総資本（貸倒引当金及び減価償却累計額を控除した後の総資本）から、建設仮勘定、投資その他の資産及び繰延資産を控除したものです。これらの控除科目は、企業の事業活動には直接関係せず、売上高にも直接関連しない資産項目です。

【実例への適用】

　前掲の図表1-4に基づき、分析対象会社の経営資本を求めると、次のとおりとなります。

2016（平成28）年度：経営資本＝［総資本175,696*1 － （建設仮勘定
1,442*2 ＋投資その他の資産27,977*3
＋繰延資産 0 *4）＋総資本200,811
－（建設仮勘定210＋投資その他の
資産36,784＋繰延資産 0 ）］÷ 2 ＝
155,047

2017（平成29）年度：経営資本＝［(200,811－36,994)＋(224,349－
48,050)］÷ 2 ＝170,058

＊1　2015（平成27）年度末の総資本　175,696百万円

＊2　2015（平成27）年度末の建設仮勘定　1,442百万円

＊3　2015（平成27）年度末の投資その他の資産　27,977百万円

＊4　2015（平成27）年度末の繰延資産　0百万円

これより、経営資本回転率は、次のように求められます。

2016（平成28）年度：$\dfrac{\text{経営資本回転率}}{\text{（連結ベース）}}=\dfrac{232,473}{155,047}=1.50回$

2017（平成29）年度：$\dfrac{\text{経営資本回転率}}{\text{（連結ベース）}}=\dfrac{244,215}{170,058}=1.44回$

参考までに、全産業及び情報サービス業の経営資本回転率の平均は、図表
1 -51のとおりです。

図表 1-51 我が国産業の経営資本回転率の推移（連結ベース）

(回／年)

区分＼年度	2008 (平成20)	2009 (平成21)	2010 (平成22)	2011 (平成23)	2012 (平成24)	2013 (平成25)	2014 (平成26)	2015 (平成27)	2016 (平成28)	2017 (平成29)
全 産 業	1.13	1.03	1.08	1.07	1.05	1.09	1.05	1.02	0.97	1.00
情報サービス業	1.15	1.04	0.96	0.92	0.92	0.88	0.84	0.84	0.82	0.80

（資料）「産業別財務データハンドブック2018年版」

（3） 自己資本回転率

$$自己資本回転率（回／年）＝\frac{年間売上高}{自己資本（期首・期末平均）}$$

【自己資本回転率の意味】

　自己資本回転率とは、企業の出資者に帰属する自己資本の効率を表しています。

　図表1-52に示されるように、タイヤメーカーのように、自己資本比率が低い場合、総資本回転率に比較して、自己資本回転率は著しく高くなるのに対して、医薬品業のように、自己資本比率が高い場合、自己資本回転率は低くなる傾向にあります。

図表 1-52 自己資本回転率の比較（2017（平成29）年度：連結ベース）

	タイヤメーカー		医薬品業	
	TG 社	BS 社	NS 社	SS 社
自己資本比率（％）	33.57%	32.13%	79.30%	83.16%
総資本回転率（回／年）	0.84	0.95	0.66	0.49
自己資本回転率（回／年）	2.69	2.95	0.85	0.61

（資料）各社有価証券報告書に基づき算定

図表 1 -53　我が国産業の自己資本回転率（連結ベース）

(回／年)

区分 ＼ 年度	2017 (平成29)
全　産　業	1.97
非　製　造　業	2.09

(資料)「産業別財務データハンドブック2018年版」に基づき算定

【実例への適用】

　前掲の図表 1 - 4 と図表 1 - 5 に基づき、分析対象会社の自己資本回転率を求めると、次のとおりとなります。

2016（平成28）年度： $\dfrac{\text{自己資本回転率}}{\text{（連結ベース）}} = \dfrac{232,473}{(100,722^* + 121,053) \div 2} = 2.10回$

2017（平成29）年度： $\dfrac{\text{自己資本回転率}}{\text{（連結ベース）}} = \dfrac{244,215}{(121,053 + 136,473) \div 2} = 1.90回$

＊2015（平成27）年度末の自己資本　100,722百万円

図表 1 -53は、我が国産業の平均を示したものです。

（4）　たな卸資産回転率

$$\text{たな卸資産回転率（回／年）} = \dfrac{\text{年間売上高}}{\text{たな卸資産（期首・期末平均）}}$$

$$\text{たな卸資産回転期間（月）} = \dfrac{\text{たな卸資産（期首・期末平均）}}{\text{年間売上高}} \times 12 \cdots\cdots \text{第 1 式}$$

$$= 12 \div \text{たな卸資産回転率} \qquad \cdots\cdots \text{第 2 式}$$

【たな卸資産回転率の意味】

たな卸資産回転率とは、平均手持商品が「仕入→販売」という一巡を何回繰り返したか（商業の場合）、また、原材料・仕掛品・製品の平均有高が「原材料の仕入→製造→販売」という一巡を何回繰り返したか（工業の場合）を示すものであり、手持たな卸資産の効率を表しています。なお、たな卸資産額は、商品及び製品、仕掛品、原材料及び貯蔵品の金額の総和です。

たな卸資産回転期間とは、たな卸資産が「仕入→販売」という一巡を一回転するためにかかる期間のことです。第1式により計算できます。たな卸資産回転率（回／年）が分かる場合は簡便法で第2式が使えます。

【実例への適用】

前掲の図表1-4と図表1-5に基づき、分析対象会社のたな卸資産回転率とたな卸資産回転期間を求めると、次のとおりとなります。

2016（平成28）年度：
$$\frac{たな卸資産回転率}{（連結ベース）} = \frac{232,473}{(20,713^* + 21,472) \div 2} = 11.02回$$

たな卸資産回転期間 = 12 ÷ 11.02回 = 1.09月

2017（平成29）年度：
$$\frac{たな卸資産回転率}{（連結ベース）} = \frac{244,215}{(21,472 + 24,530) \div 2} = 10.62回$$

たな卸資産回転期間 = 12 ÷ 10.62回 = 1.13月

＊2015（平成27）年度末のたな卸資産　20,713百万円

なお、我が国産業の平均は図表1-54のとおりです。

図表 1-54　我が国産業のたな卸資産回転期間の推移

（月）

区分＼年度	2008 (平成20)	2009 (平成21)	2010 (平成22)	2011 (平成23)	2012 (平成24)	2013 (平成25)	2014 (平成26)	2015 (平成27)	2016 (平成28)	2017 (平成29)
全 産 業	1.41	1.45	1.29	1.35	1.40	1.34	1.37	1.38	1.41	1.39
情報サービス業	0.42	0.38	0.31	0.33	0.35	0.35	0.34	0.31	0.31	0.29

（資料）「産業別財務データハンドブック2018年版」

9-2　損益分岐点分析

$$損益分岐点の売上高 = \frac{固定費}{1-変動費率} = \frac{固定費}{1-(変動費÷売上高)}$$

【損益分岐点分析の意味】

　企業の将来の利益計画を立てる場合、売上高の増減によって費用と利益がどのように変動するかを把握しなければなりません。このような売上高、費用及び利益相互間の分析に用いられるのが損益分岐点分析です。損益分岐点とは、売上高と費用とが均衡し、損益がゼロとなるときの売上高をいいます。つまり、売上高がこれを上回れば利益となり、逆に売上高がこれを下回れば損失となる均衡点です。

　損益分岐点を算定するためには、すべての費用を固定費と変動費に区分しなければなりません。固定費とは、売上高の増減に関係なく発生する費用をいうのに対し、変動費とは、売上高の増減に比例して発生する費用をいいます。労務費や減価償却費、支払利息などは固定費の例であり、原材料費や外注加工費、販売手数料などは変動費に含まれます。

【損益分岐点の計算式の求め方】

　損益分岐点は、売上高と費用とが等しくなる点であり、次のような関係がみられます。

$$売上高＝変動費＋固定費$$

$$売上高－変動費＝固定費$$

$$売上高 \times \left(1 - \frac{変動費}{売上高}\right) = 固定費$$

$$売上高 = \frac{固定費}{1 - \dfrac{変動費}{売上高}}$$

　ここで、売上高に対応して変化する変動費の関係（変動費／売上高）を変動費率といい、「1－変動費率」を限界利益率といいます。売上高から変動費を差し引いた額を一般に限界利益（固定費と純利益に貢献する利益の意味）といいますが、売上高単位当たりの限界利益が限界利益率です。

【損益分岐図表】

　売上高の増減とともに費用と利益がどのように変化していくかを図示したのが、図表1-55の損益分岐図表です。そこでは操業度としての売上高（x）の変化を横軸とし、その変化に対応して変動する費用（y）を縦軸にとっています。

　二つの直線 y＝x と y＝ax＋b（a：変動費率、b：固定費）が交差する点Pが、損益分岐点です。

【簡単な計算例】

　次のような簡単な計算例を用いて、損益分岐点を求めると、次のとおりとなります。

　売上高3,000万円のとき、変動費1,800万円、固定費1,000万円とします。

図表1-55 損益分岐図表

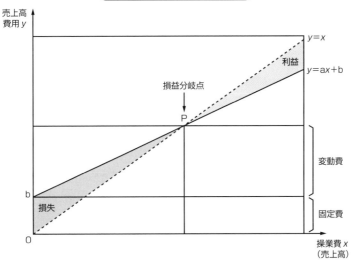

$$損益分岐点の売上高 = \frac{1,000}{1 - \dfrac{1,800}{3,000}} = 2,500万円$$

　この場合、売上高が500万円減少して2,500万円になったときに、変動費1,800万円は300万円減少して1,500万円になるため、変動費と固定費（1,000万円）の合計額が2,500万円となり、減少後の売上高と均衡することになります。

　この損益分岐点を売上高で割った比率を損益分岐点比率といいます。

$$損益分岐点比率（％） = \frac{損益分岐点}{売上高} \times 100$$

損益分岐点比率が100%を上回れば損失となり、100%を下回れば利益が生じることになります。値が低いほど、減収に対する抵抗力が高いものとなります。損益分岐点比率を引き下げるには、分母の売上高を増加させるか、費用の削減によって分子の損益分岐点を引き下げるか、のいずれかが必要です。

　特に近年では、売上高の拡大による大幅増収が見込めなくなった結果、大幅な人員削減による人件費（固定費）の削減によって損益分岐点の改善が図られようとしています。

10
キャッシュ・フロー分析

10-1　キャッシュ・フロー分析

【キャッシュ・フロー分析の意味するもの】

　損益計算書に示された利益に加えて、現金の出入りを重視するキャッシュ・フロー計算書がますます注目されるようになってきています。売上の増加は、現金販売でない限り、売掛債権が回収されるまでは企業のキャッシュ・フローとはなりません。それゆえ、会計上の利益とキャッシュ・フローとは同じ動きをするものではありません。また、株主の配当や借入金の返済のためのキャッシュ・フローが十分に確保されているかどうかは、投資者にとっても債権者にとっても大きな関心事です。

　キャッシュ・フローを企業がいかに有効に獲得し、配当や借入金の原資となるキャッシュ・フローを確保しているかを明らかにするのが、キャッシュ・フロー分析です。

　キャッシュ・フロー分析は、大きく次の三つの側面から考えられます。

（1）　一定期間の売上高に対してどの程度のキャッシュ・フローを生み出したかの分析……収益性分析（例：売上高営業キャッシュ・フロー比率）

（2）　その年度に生み出されたキャッシュ・フローによって、負債がどの程度返済可能かの分析……支払能力の分析（例：営業キャッシュ・フロー有利子負債比率、営業キャッシュ・フロー流動負債比率）

（3）　その年度に生み出されたキャッシュ・フローから、どの程度が配当金として支払われるかの分析……配当性向の分析

　これらのキャッシュ・フロー分析の指標を図示したのが、図表1-56です。

112

図表1-56 キャッシュ・フロー分析の体系

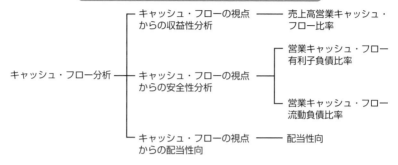

　以下、特にキャッシュ・フロー分析の典型例として、売上高営業キャッシュ・フロー比率と営業キャッシュ・フロー有利子負債比率を取り上げます。

【売上高営業キャッシュ・フロー比率】

$$\text{売上高営業キャッシュ・フロー比率（\%）} = \frac{\text{営業活動によるキャッシュ・フロー}}{\text{売上高}} \times 100$$

　売上高営業利益率が売上高に対して本業でどの程度の利益を上げたかを示すように、売上高営業キャッシュ・フロー比率は、一定期間の売上高に対して営業活動でどの程度のキャッシュ・フローを生み出したかを表すものです。

　売上高の増加は、一般的にはキャッシュ・フローの増加をもたらすといえます。しかしながら、売上を計上したとしても、現金販売でない限り、債権の回収までキャッシュ・フローは期待できませんので、売上高の増加がそのまま営業キャッシュ・フローの増加につながらないことがあります。このような会計上の利益とキャッシュ・フローの流れとのミスマッチを補い、損益だけでは把握し得ない企業のキャッシュ・フローの実態をみようとするものです。

　図表1-57は、業種別の売上高営業キャッシュ・フロー比率の最近5年間

図表1-57 業種別の売上高営業キャッシュ・フロー比率

(%)

区分	年度	2013 (平成25)	2014 (平成26)	2015 (平成27)	2016 (平成28)	2017 (平成29)
比率の高い業種	通　　信	19.9	18.5	18.0	22.2	18.4
	鉄　　道	18.1	18.4	18.5	17.9	19.2
	医　薬　品	13.1	12.2	13.6	15.0	18.9
比率の低い業種	総　合　建　設	3.7	3.2	4.4	10.5	7.7
	製菓・製パン	5.3	6.5	6.0	6.9	6.6
	卸　　売	3.0	4.0	5.0	4.1	4.2
全　産　業		8.1	8.2	9.1	9.1	9.1

(資料)「産業別財務データハンドブック2018年版」

の推移を示すものです。これより、次の点に注目してください。

　売上高営業キャッシュ・フロー比率は、通信、鉄道及び医薬品は比率が高いのに対して、総合建設、製菓製パン、卸売では比率は低く、業種間で大きな差がみられます。通信及び鉄道等は設備投資額が高水準であり、その分営業キャッシュ・フローの構成要素の一つをなす減価償却費も高くなるためです。

【実例への適用】

　前掲の図表1-5と図表1-8に基づき、分析対象会社の売上高営業キャッシュ・フロー比率を求めると、次のとおりとなります。

2016（平成28）年度：

$$\text{売上高営業キャッシュ・フロー比率} \atop (\text{連結ベース}) = \frac{12,449}{232,473} \times 100 = 5.36\%$$

2017（平成29）年度：

$$\text{売上高営業キャッシュ・フロー比率} \atop (\text{連結ベース}) = \frac{13,138}{244,215} \times 100 = 5.38\%$$

　売上高営業キャッシュ・フロー比率は、一般に高ければ高いほど良いとされます。分析対象会社の場合、2017（平成29）年度の売上高営業キャッシュ・フロー比率は全産業の平均値9.1%（2017（平成29）年度）に比べてやや低い水準にあるといえます。

【営業キャッシュ・フロー有利子負債比率】

$$\frac{\text{営業キャッシュ・フロー}}{\text{有利子負債比率（%）}} = \frac{\text{営業活動によるキャッシュ・フロー}}{\text{有利子負債残高}} \times 100$$

　営業キャッシュ・フロー有利子負債比率は、企業がその年度の営業活動によるキャッシュ・フローによって、有利子負債がどの程度返済可能かという企業の支払能力を示すものです。有利子負債には、短期と長期の借入金、各種の社債やコマーシャル・ペーパー、リース債務等が含まれます。この比率も高ければ高いほど、負債に対する支払能力が優れていると判断されます。

　前掲の図表1-4と図表1-8に基づき、分析対象会社の営業キャッシュ・フロー有利子負債比率を求めると、次のとおりとなります。

2016（平成28）年度：

$$\frac{営業キャッシュ・フロー有利子負債比率}{（連結ベース）}=\frac{12,449}{860}\times100=1,447.56\%$$

2017（平成29）年度：

$$\frac{営業キャッシュ・フロー有利子負債比率}{（連結ベース）}=\frac{13,138}{3,677}\times100=357.30\%$$

　なお、全産業と情報サービス業における営業キャッシュ・フロー有利子負債比率の平均は、図表1-58に示すとおりです。

図表1-58　営業キャッシュ・フロー有利子負債比率

(%)

年度 区分	2015 （平成27）	2016 （平成28）	2017 （平成29）
全　産　業	24.9	23.6	24.6
情報サービス	21.0	18.8	15.1

（資料）「産業別財務データハンドブック2018年版」

11
成長性分析

●企業の成長性を「企業規模の拡大」の側面から把握する手法として、売上
　高成長率、総資本成長率、自己資本成長率などの意味と計算を学習しま
　しょう。

●企業の成長性を「利益の大きさ」の側面から把握する手法として、経常利
　益成長率や純利益成長率の意味と計算を学習しましょう。

●企業の成長性を表現する尺度として、増収率（売上高の対前年度伸び率）
　と増益率（利益の対前年度伸び率）の意味と計算を学習しましょう。

11-1　成長性分析のとらえ方

　投資を行おうとする場合、その対象会社が成長しつつある会社なのか、衰退しつつある会社なのかは、投資者にとって特に重要な関心事です。この場合、企業の成長性を判定する尺度となるのは何でしょうか。また、どのようにして成長性を分析し、評価をなすべきでしょうか。

　企業の成長性を把握するには、大きく次の二つの方法が考えられます。一つは「企業規模の拡大」による方法であり、もう一つは「利益の大きさ」による方法です。前者の場合、更にこれをフローとしての活動量としてみるか、ストックとしての有高量としてみるかで二つに区分されます。売上高による尺度はフローとしての面に注目するのに対し、固定資産、総資産の有高及び自己資本や資本金の有高尺度はストックとしての面に着目するものです。

　このような視点から成長性指標を整理したのが、図表 1 –59 です。これらの指標は、単独の期間の実質でみても成長性の具合を判断することはできません。通常、少なくとも過去 5 年間程度の趨勢（トレンド）をみて判断します。

図表 1 –59　成長性指標の体系

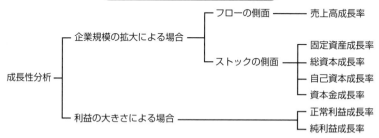

11-2　成長性の尺度

【成長性の一般的尺度】

　成長性の判断尺度として、一般に前期と比べて当期の数値が伸びているかどうかという対前年度比が用いられています。このような尺度として、次のようなものがよく利用されています。

（1）　売上高成長率（％）$= \dfrac{当期売上高}{前期売上高} \times 100$

（2）　固定資産成長率（％）$= \dfrac{当期固定資産}{前期固定資産} \times 100$

（3）　総資本成長率（％）$= \dfrac{当期総資本}{前期総資本} \times 100$

（4）　自己資本成長率（％）$= \dfrac{当期自己資本}{前期自己資本} \times 100$

（5）　資本金成長率（％）$= \dfrac{当期資本金}{前期資本金} \times 100$

（6）　利益成長率（％）$= \dfrac{当期利益}{前期利益} \times 100$

【増収率と増益率】

　企業の成長性を表現するものとして、増収率や増益率という尺度が使われています。

　増収率とは、売上高が前期よりどの程度増えたかという売上高の伸び率をいうのに対して、増益率とは、経常利益等の利益の対前年度の伸び率のことをいいます。つまり、増収率は売上高成長率を示すものであり、増益率は経常利益成長率を意味するものです。

$$増収率（\%）=\left(\frac{当期売上高}{前期売上高}-1\right)\times100$$

$$増益率（\%）=\left(\frac{当期経常利益}{前期経常利益}-1\right)\times100$$

【実例への適用】

　前掲の図表 1 - 4 と図表 1 - 5 に基づき、分析対象会社について2017（平成29）年度（2018（平成30）年 3 月31日決算日）の成長性の値を求めると、次のとおりとなります。

（1）　売上高成長率（%）　$=\dfrac{244,215}{232,473}\times100=105.05\%$
　　　　（連結ベース）

（2）　固定資産成長率（%）　$=\dfrac{75,592}{64,317}\times100=117.53\%$
　　　　（連結ベース）

（3）　総資本成長率（%）　$=\dfrac{224,349}{200,811}\times100=111.72\%$
　　　　（連結ベース）

（4）　自己資本成長率（%）　$=\dfrac{136,473}{121,053}\times100=112.74\%$
　　　　（連結ベース）

（5）　資本金成長率（%）　$=\dfrac{12,952}{12,952}\times100=100.00\%$
　　　　（連結ベース）

（6）　経常利益成長率（%）　$=\dfrac{23,106}{22,117}\times100=104.47\%$
　　　　（連結ベース）

（7）　純利益成長率（%）　$=\dfrac{14,933}{13,964}\times100=106.94\%$
　　　　（連結ベース）

　分析の結果、分析対象会社のフローの側面に関しては、売上高、経常利益

及び純利益はともに対前年度の値を上回っており増収を示しています。また、企業規模尺度のストックの面については、固定資産、総資本及び自己資本の成長率は100%を上回っており企業規模の成長を示しています。

【成長率の日本の産業平均】

　成長性分析には、このような対前年度比で示す短期的観点からとらえる方法とともに、時系列的比較を行うために、長期的観点から成長性をとらえる方法もあります。後者の場合、特定年度の数値を公分母として使用し、それを100として表示し、以後の各年度の数値を指数化する方法がよく用いられています。

　図表1-60は、売上高、（税引後）当期利益、総資本、自己資本それぞれについて、2007（平成19）年度を100%として表示し、以降各年度の成長率を示したものです。

図表 1-60 各種成長率の推移（連結ベース）

業種	項目 年度	成長率（2007（平成19）年度＝100）（%）			
		売上高	（税引後）当期利益	総資本	自己資本
全産業	2007	100.0	100.0	100.0	100.0
	08	93.4	8.6	94.1	89.1
	09	83.1	35.8	95.4	93.3
	10	87.8	63.8	96.3	95.0
	11	88.6	46.6	99.1	96.1
	12	91.1	57.0	106.0	104.9
	13	101.6	102.3	116.4	117.9
	14	105.9	110.2	125.7	131.4
	15	106.3	107.2	123.9	129.7
	16	102.8	124.1	128.3	136.6
	17	110.7	164.3	136.5	149.0
情報サービス業	2007	100.0	100.0	100.0	100.0
	08	100.7	19.1	95.4	93.9
	09	95.5	90.8	106.0	101.7
	10	98.2	111.9	114.5	108.4
	11	101.2	110.6	117.3	114.6
	12	109.0	144.1	128.0	123.9
	13	116.7	153.5	154.2	136.6
	14	125.0	169.6	172.1	154.9
	15	136.0	198.5	189.9	170.9
	16	145.5	205.4	207.7	184.1
	17	159.8	234.3	250.2	196.1

（資料）「産業別財務データハンドブック2018年版」

12
配当政策と配当率・配当性向

●企業の配当の良否を判定する尺度として、配当率（株主が拠出した資本金に対してどれだけの配当金を支払ったかを示す）と配当性向（当期純利益に対する配当金の割合を示す）の意味と計算を学習しましょう。

12-1　配当率・配当性向

【配当率・配当性向とは何か】

　投資者は、通常、株式値上がり益とともに配当による利益を期待して株式投資を行います。この場合、企業の配当の良否を判定する尺度として、一般に配当率と配当性向の二つが用いられます。

　配当率とは、株主が拠出した資本金に対してどれだけの配当金を支払ったかを示しています。また、配当性向は、当期（純）利益に対する配当金の割合を示すものです。

$$配当率（\%）＝\frac{配当金（年額）}{資本金（期中平均）}×100$$

$$配当性向（\%）＝\frac{配当金（年額）}{当期（純）利益}×100$$

　配当率については、分母の資本金の金額に大きな変動がない限り、一定の配当水準の下では、比較的安定した値を示すことになると思われます。

　それに対して、配当性向の計算では、たとえ配当水準が一定であるとしても、利益の額は各年度において大きく増減しますので、配当性向の値も大きく変化します。配当水準が一定であるとすれば、配当性向は、好況期には一般に低く、不況期には高く現れます。

　このような配当率と配当性向の現れ方の違いを示すために作成したのが、図表1-61です。

　この表より、2014～2017（平成26～29）年度にわたって配当率は緩やかに変化しているのに対して、配当性向は各年度の利益額に応じて変化している様子が明らかです。

　配当性向が高いということは、株主に利益を積極的に還元することを意味しますが、その反面、内部留保に回す利益が減り、財務基盤を弱くすること

図表1-61　配当率・配当性向の状況（全産業：単体ベース1社当たり）

(金額：百万円)

項目 ＼ 年度	2014 （平成26）	2015 （平成27）	2016 （平成28）	2017 （平成29）
資　本　金	18,558	17,291	16,992	17,266
当期純利益	8,071	7,467	7,861	10,491
配　当　金	3,206	3,602	3,657	4,153
配当率(%)	17.3	20.8	21.5	24.1
配当性向(%)	39.7	48.2	46.5	39.6

（資料）「産業別財務データハンドブック・2016年版・2017年版・2018年版」に基づき
　　　一部算定

図表1-62　分析対象会社の配当状況

年度	1株当たり年間配当金（円）			配当金総額（年間） （百万円）
		中間	期末	
2016（平成28）年度（H29.3月）期	45.00	22.50	22.50	4,223
2017（平成29）年度（H30.3月）期	50.00	25.00	25.00	4,734

（注）　分析対象会社単体での配当状況を示している。

も意味します。

　一方、配当性向が低ければ、現在株主に対する利益還元は積極的でないに
せよ、内部留保率が高いことを意味し、将来の配当可能な潜在性を示すもの
として留意しなければなりません。

【実例への適用】

　分析対象会社の配当状況は、図表1-62のとおりでした。

　前掲図表1-62に基づき、分析対象会社の配当率と配当性向を求めると、
次のとおりとなります。

2016（平成28）年度：

$$配当率 = \frac{4,223}{12,952^{*1}} \times 100 = 32.61\%$$

$$配当性向 = \frac{4,223}{12,188^{*2}} \times 100 = 34.65\%$$

2017（平成29）年度：

$$配当率 = \frac{4,734}{12,952^{*1}} \times 100 = 36.55\%$$

$$配当性向 = \frac{4,734}{12,586^{*2}} \times 100 = 37.61\%$$

＊1　分析対象会社の親会社単体の資本金平均は、2016（平成28）年度
は12,952百万円、2017（平成29）年度は12,952百万円である。

＊2　分析対象会社の親会社単体の当期純利益は、2016（平成28）年度
は12,188百万円、2017（平成29）年度は12,586百万円である。

　かつては、我が国の上場会社では、おおむね年15円配当を上限として、平均配当率を11%、配当率の上限を30%（3割配当）とする配当幅を基本パターンとする安定配当政策がとられてきました。しかしながら、1976（昭和51）年上半期において、パイオニア（年24円配当、配当率48%）やソニー（年20円配当、配当率40%）など、従来の安定配当の殻を破る政策を打ち出す企業も現れました。また、企業決算が連結主体となったことから、単独決算ベースから連結ベースへと配当政策を移行する企業もみられます。

　このように、利益の多寡に応じて配当率を変えるという本来の配当のあり方が、我が国でも広がりをみせています。

13
分析結果の総合評価

●分析結果の総合評価の方法として、6個の指標を六角形の形に配置した組
合せ図の作成手法とその意味を学習しましょう。

13-1　分析結果の総合

【分析結果の総合】

　これまで収益性、安定性と資産効率、キャッシュ・フロー及び成長性の各側面から企業分析を考えてきました。そこで最後に、これらの各種比率を総合し、企業の経営実態を総合的に分析・評価しなければなりません。このような総合評価方法として、高度な手法を用いた方法も数多く開発されていますが、ここでは最も基本的かつ伝統的な方法に基づき、分析結果の総合評価を試みてみましょう。

　一般に、分析結果を評価しようとする場合、次の二つの側面から理解されなければなりません。

（1）　当該会社の属する業種が、財務の面から全産業のなかでどのような特殊性をもっているかの分析—全産業における当該業種の特性の把握

（2）　当該業種のなかで当該会社がどのような特殊性をもっているかの分析—特定産業における当該分析対象会社の特性の把握

　これを行う最もポピュラーな方法は、企業の各側面を代表する6個の基本的指標をとり、相互に親近性のある3組のペア（対）をなすように配置することです。

　そこで、次のような組合せを考えてみましょう。

（イ）　収益性（自己資本利益率）…………企業規模（自己資本）

（ロ）　資産効率（たな卸資産回転率）…………成長性（売上高成長率）

（ハ）　流動性（流動比率）…………安全性（固定比率）

　収益性指標としての自己資本利益率は、企業規模が拡大し、自己資本が大

128

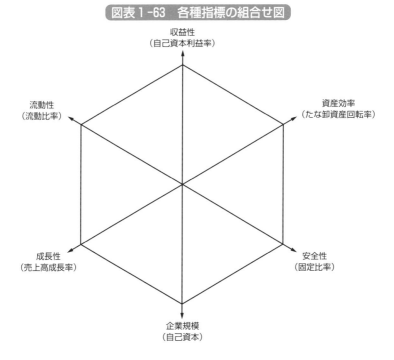

図表 1-63 各種指標の組合せ図

きくなるほど低下するという関係にあります。売上高の成長率を考える場合、相関性の高いたな卸資産回転率を考慮しなければなりません。また、流動性と財務健全性は、共に安全性に貢献するものです。

これらの 6 個の指標を六角形の形に配置したのが、図表 1-63 です。

【実例への適用】

分析対象会社について、その分析結果、当該会社が属する業種及び全産業の比率を図表 1-64 に示しています。この表に基づき、全産業の比率を 100% として、当該業種（情報サービス業）がどのように位置付けられるかを示したのが、図表 1-65 です。そこでは、この業種が全産業より好ましい指標を示している場合、中心の正六角形（破線部分）より外側に描かれ、また、好

図表1-64　各種指標の要約（2017（平成29）年度：連結ベース）

指標の特性	選択した指標	分析対象会社	情報サービス業	全産業
収 益 性	自己資本利益率　　（%）	11.6	11.8	10.6
企業規模	自 己 資 本（百万円）	136,473	69,7227	187,115
資産効率	たな卸資産回転率　（回/年）	10.62	41.14	8.64
成 長 性	売 上 高 成 長 率　　（%）	105.1	109.9	107.7
流 動 性	流 　動 　比 　率　　（%）	247.5	120.2	146.1
安 全 性	固 定 比 率 ※　　（%）	55.4	112.4	140.0

（資料）「産業別財務データハンドブック2018年版」に基づき一部算定
（※）固定比率については値が小さい方が望ましい。

図表1-65　全産業に対する情報サービス業の特性

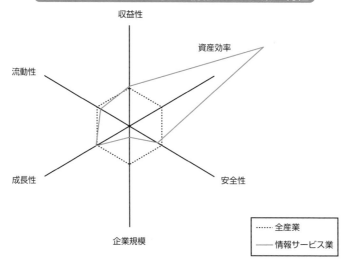

ましくない指標についてはその内側に描かれます。

　この図から、分析対象会社が属する情報サービス業の特殊性が浮き彫りにされることになります。当該業種は企業規模が全産業平均の4割程度であり、資産効率（たな卸資産回転率）が高く収益性も全産業平均を上回っています。他方、安全性（固定比率）と流動性は全産業平均の8割程度であり、全産業

図表1-66　情報サービス業に対する分析対象会社の特性

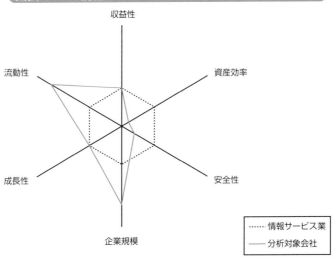

収益性

資産効率

安全性

企業規模

成長性

流動性

...... 情報サービス業
—— 分析対象会社

平均を下回っています。また、成長性はほぼ全産業平均と同じです。このことから、当該会社が属する情報サービス業は規模が小さいものの、資産効率、安全性及び収益性の観点から財務的に優れ、恵まれた業種であるといえます。

　同様に、図表1-64に基づき、分析対象会社の属する業種の指標を100%（正六角形）として、同社の各種指標を配置したのが図表1-66です。この図から、当該会社は業界では企業規模が大きく、流動性や安全性は業界平均より優れていることが示されています。また、収益性や成長性は業種平均とほぼ同等である一方で、資産効率は業種平均よりも低いことが分かります。

　なお、前述の分析は、特定の指標の組合せによる総合評価の一例を示すものです。これとは異なった指標の組合せをとることによって、異なった実態が明らかになるかもしれません。また、このような業種比較に加えて、当該会社の諸比率の趨勢についても併せて検討すべきといえます。

索引

著者紹介

1973 年, 神戸大学大学院経営学研究科（修士課程）修了. 1976 年, イリノイ大学経営大学院修了（MAS 取得）. 同志社大学・特別客員教授を経て, 現在東海学園大学教授, 副学長, 神戸大学名誉教授, 経営学博士（神戸大学）. 日本知的資産経営学会会長（2011—現在）. 国際会計研究学会会長（2011 年—2014 年）；日本公認会計士協会学術賞. 日本会計研究学会太田・黒澤賞を受賞.

主要著・訳書として,『情報監査論』（1990 年, 同文館）,『デリバティブ会計』（1996 年, 森山書店. 同 2 版, 1990 年）,『価値創造の会計学』（2000 年, 税務経理協会）,『会計基準のグローバル化戦略』（共著, 1999 年, 森山書店）,『ブランド資産の会計』（監訳, 2004 年, 東洋経済新報社）,『知的資産ファイナンスの探求』（共編著, 2007 年, 中央経済社）,『グローバル財務会計』（2011 年, 森山書店）「会計研究の系譜と発展」（編著, 2019 年, 千倉書房）,『企業成長のデザイン経営』（2020 年, 同文館）等がある.

改訂版　財務諸表と企業分析入門

2023 年 4 月 24 日　第 2 刷

著　者　　古賀智敏
　　　　　（こ が ち とし）

発行者　　千倉成示

発行所　　株式会社 千倉書房

　　　　　〒 104-0031　東京都中央区京橋 3-7-1
　　　　　TEL 03-3528-6901 ／ FAX 03-3528-6905
　　　　　https://www.chikura.co.jp/

印刷・製本　藤原印刷株式会社

© Chitoshi Koga, 2020 Printed in Japan
ISBN 978-4-8051-1216-8　C3034